작가의 말

　여러분이 가족과 함께 해외여행을 떠난다면 가고 싶은 장소는 어디인가요? 아마 세계적으로 알려진 세계문화유산을 보러 가는 친구들도 있을 거예요. 세계문화유산을 직접 눈으로 보고, 멋진 건축물을 사진으로 남기고 싶을 테니까요. 나는 여러분이 그런 건축물을 보면 어떤 생각이 들지 궁금해요. 최첨단 건축 장비를 갖춘 현대에도 짓기 어려운 건축물을 누가, 어떻게 지었는지 알고 싶지 않나요?

　이 책에서 소개하는 세계문화유산은 모두 '난민'들이 지은 건축물이에요. 난민은 전쟁이나 재난, 인종, 종교, 정치적인 박해를 피해 다른 나라로 떠난 사람들을 말해요. 전쟁에서 승리한 나라들은 정복지에서 끌고 온 사람들을 피라미드나 콜로세움 같은 대규모 공사 현장에 투입했어요. 난민들이 오랜 시간 동안 고된 노동을 하며 다치거나 죽어도 눈 하나 깜짝하지 않았지요. 당시 패전국의 난민들은 자유와 권리를 빼앗긴 채 생명의 위협을 받으면서 살아야 했어요. 탁월한 예술적 가치와 불가사의한 건축 기술을 자랑하는 세계문화유산 속에는 이토록 아픈 이야기가 담겨 있어요.

아직도 전 세계 곳곳에서 전쟁과 내전이 일어나고 있어요. 1950년 유엔난민기구가 설립된 이후 70년간 매년 160만 명의 난민이 발생했어요. 2022년 말, 우크라이나·러시아 전쟁과 아프가니스탄 내전으로 세계 난민의 수가 1억 840만 명을 넘어섰어요. 현재 난민들은 난민 캠프나 임시로 머무는 나라에서 영양실조와 추위, 폭력, 스트레스에 시달리고 있어요. 이들에게는 깨끗한 식수와 식량, 의료 지원, 구호 물품이 필요해요. 국제구호단체들이 후원을 받아 난민들을 돕고는 있지만 더 많은 사람들의 관심과 도움이 필요해요.

　모든 것이 하나로 연결된 세상에 살고 있는 우리 한 사람, 한 사람은 특정 국가의 국민인 동시에 세계 시민이에요. 그래서 다른 나라에서 일어나는 전쟁은 곧바로 우리나라에 영향을 미치지요. 지금 우리는 세계시민으로서 굶주림과 폭력에 시달리는 난민을 외면해서는 안 돼요. 난민을 돕는 일은 바로 여러분 자신을 사랑하고 지키는 일이에요. 세계 시민이 서로 도움을 주고받는다면 더 안전하고 평화로운 세상이 될 거예요.

염수연

차례

이라크 이슈타르 문
우리는 반드시 돌아갈 거야! … 6

이탈리아 콜로세움
우리는 이스라엘! … 26

일본 이마리 도자기
조선의 마음을 빚는 장인이 될 거야! … 46

튀르키예 쉴레마니예 모스크
내 이름을 새긴 건축물을 지을 거야! … 66

미얀마 밍군 파고다
아라칸왕국을 되찾을 거야! … 84

쿠바 로스 인헤니오스 계곡
더 이상 이렇게 살 수 없어! … 104

러시아 파베르제 부활절 보석 달걀
우리는 위그노 후손이야! … 124

태국 죽음의 철도
한 번의 사과로는 어림없어! … 144

이라크 이슈타르 문

우리는
반드시 돌아갈 거야!

우리는 유대 백성이야!

"지금쯤 예루살렘 궁전 너머로 노을이 지고 있겠지."

엄마는 바빌론 신전들 위로 커튼처럼 드리워진 주홍빛 노을을 바라보며 나직이 말했어요.

"엄마는 아직도 예루살렘이 그리워요? 전 웅장하고 화려한 궁궐이 있는 바빌론이 더 좋아요."

나는 아빠가 만들어 준 점토판에 적힌 히브리어(옛 이스라엘 언어)를 읽다 말고 엄마를 쳐다보았어요.

"미사엘, 우리가 신바빌로니아제국과 전쟁에서 지는 바람에 난민 신세가 되었지만 언제나 유대 백성이라는 사실을 잊어선 안 돼! 아빠가 오시기 전에 어서 공부를 끝내렴."

엄마는 단호한 목소리로 말했어요.

기원전 605년 유대를 쳐들어온 신바빌로니아제국의 왕 네부카드네자르 2세는 유대 사람 중 젊고 재주가 뛰어나거나 똑똑한 사람들만 골라 바빌론에 포로로 끌고 왔대요. 그다음 우리 같은 평범한 백성들이 끌려왔고요. 이제 유대에는 아무런 저항도 할 수 없는 노인이나 가난한 사람들만 남아 있대요. 내가 말귀를 알아듣기 시작할 때부터 엄마에게 귀에 못이 박히도록 들어온 이야기예요. 언젠가는 꼭 돌아갈 거라는 말도 빼놓지 않았지요.

나는 저녁을 준비하러 천막 안으로 들어가는 엄마의 뒷모습을 바라보며 히브리어를 다시 읽기 시작했어요.

다리를 다친 아빠

얼마쯤 지났을까, 멀리서 요압 아저씨가 아빠를 들쳐 업고 뛰어오는 모습이 눈에 들어왔어요.

나는 깜짝 놀라 점토판을 내던지고는 아빠를 향해 달려갔어요. 흙먼지가 잔뜩 묻은 아빠의 다리는 요압 아저씨 등에서 힘없이 흔들거리고 있었어요.

"아빠! 아빠!"

나는 놀라서 소리쳤어요.

"여보!"

천막 안에 있던 엄마가 내 울음소리를 듣고 달려 나왔어요. 엄마는 아빠를 보자마자 요압 아저씨를 도와 아빠를 침상에 눕혔어요.

"어쩌다 다리를 다친 거예요?"

엄마가 떨리는 목소리로 요압 아저씨에게 물었어요.

"진흙 벽돌을 지고 사다리를 오르다가 떨어졌어요. 얼른 가서 기드온 어르신을 모셔올게요."

요압 아저씨가 서둘러 천막을 나섰어요.

우리 마을에서 가장 덩치가 크고 힘이 센 아빠마저 다치다니, 이게 다 이슈타르 문 때문이에요. 이슈타르 문은 신바빌로니아제국의 왕 네부카드네자르 2세가 유다 난민을 동원해 만들고 있는 바빌론성의 북쪽 정문이에요.

어제 엄마 몰래 친구들과 함께 아빠가 일하는 이슈타르 문 공사장에 갔던 기억이 떠올랐어요. 이슈타르 문은 소문대로 수만 명이나 되는 사람들이 일할 정도로 큰 공사장이었어요. 공사장은 진흙 벽돌을 만드는 사람들, 나무 사다리를 오르락내리락하며 벽돌을 나르는 사람들, 벽돌을 쌓는 사람들로 분주했지요.

"야, 여기가 어디라고 게으름을 피워? 포로 주제에."

바빌론의 군인이 벽돌을 나르다 쓰러진 아저씨 등에 채찍을 사정없이 내리치며 고함쳤어요. 채찍에 맞은 아저씨는 몇

번이나 일어서려다 다시 주저앉고 말았지요. 그때 아빠가 아저씨를 부축하러 다가갔어요. 바빌론 군인은 아빠한테까지 채찍을 마구 휘둘러댔어요. 그 모습을 보고 나도 모르게 온몸이 부르르 떨렸어요. 이슈타르 문 공사장에서 수백 명의 유대 사람들이 죽고 다쳤다는 소문이 사실인 것 같았어요.

잠시 뒤 아빠는 입을 앙다물고 일어섰어요. 금방이라도 터져 나오려는 울분을 꾹 참는 것 같았지요. 그 순간 눈앞이 부옇게 흐려졌어요. 그 길로 나는 집을 향해 달음박질했어요.

우리는 언젠가 돌아갈 거야!

한참 만에 요압 아저씨가 기드온 할아버지를 모시고 왔어요.

"흠, 예상대로 다리가 부러졌구먼. 약을 먹고 치료해도 서너 달은 족히 걸리겠어."

기드온 할아버지는 아빠 다리에 나무 막대기를 대고는 천으로 칭칭 동여맸어요. 그러고는 한참 동안 아빠에게 귓속말을 했어요. 아빠는 기드온 할아버지의 말에 연신 고개를 끄덕였고요. 말을 마친 기드온 할아버지는 엄마에게 아빠를 잘 돌보라고 당부하고는 돌아가셨어요.

아빠가 다쳐서 그런지 엄마는 오늘 일찍 등불을 껐어요. 나는 눈을 감고 자려고 애썼지만 도통 잠이 오지 않았어요. 끙끙대는 아빠의 신음 소리를 들으며 아빠가 이대로 계속 누워 계시면 어쩌나 무서워졌어요. 엄마 혼자서 일하는 게 걱정되기도 했고요. 엄마가 궁궐에서 나오는 빨래를 하고 있지만 그 돈으로는 두 끼를 때우기 쉽지 않거든요.

다음 날 아침, 엄마는 화덕에 구운 빵과 야채와 병아리콩을 넣어 끓인 수프를 준비했어요.

"아빠, 이제 제가 엄마를 도울게요."

나는 수프를 먹다 말고 말했어요.

"아직 어린 네가 뭘 하겠다는 거냐?"

"엄마를 도와 궁전에서 나오는 빨래를 할게요. 그리고 틈틈이 아람어(대화할 때 쓰는 신바빌로니아제국 언어)와 아카드어(문서에 쓰는 신바빌로니아제국 언어)도 공부하고요."

"남의 나라 말은 공부해서 뭐 하려고?"

"어제 아빠가 채찍 맞는 거 다 봤어요. 제가 열심히 공부해서 높은 사람이 되면 아빠를 지켜 드릴 수 있잖아요."

"넌 유대인이야. 유대 사람답게 히브리어를 공부해야지."

"저는 바빌론의 관리가 되고 싶어요. 유대인도 실력만 뛰어나면 될 수 있대요. 다니엘 총리처럼요."

"넌 우리가 평생 바빌론에서 노예로 살 거라고 생각하는 거냐?"

아빠 얼굴이 붉으락푸르락해졌어요.

"우리가 신바빌로니아제국에 맞서서 어떻게 싸워요?"

답답한 마음에 나도 모르게 목소리가 커졌어요.

"미사엘, 네가 그런 생각을 하고 있을 줄은 몰랐다. 그동안 우리가 너한테 한 말들을 다 잊은 거냐?"

아빠는 실망스러운 표정으로 나를 바라보았어요.

아빠를 실망시킨 것 같아 죄송하기도 하고 내 마음을 몰라 주는 아빠가 야속하기도 했어요. 그 순간 나도 모르게 눈물이 후두둑 떨어졌어요. 나는 눈물을 훔치며 밖으로 뛰쳐나갔어요. 저 멀리 이슈타르 문이 희미하게 보였어요. 저렇게 거대한 성을 건축할 정도로 강한 신바빌로니아제국과 어떻게 맞서서 싸우겠다는 건지 이해가 되지 않았지요.

그때 어느새 뒤따라온 엄마가 내 등을 토닥여 주었어요.

"미사엘, 아빠랑 엄마를 도와주려는 네 마음 다 알아. 그런데 아까 아빠가 한 말씀이 무슨 의미인지 생각해 보렴. 어제 기드온 할아버지가 오신 건 아빠의 다리 때문만은 아니란다. 아빠가 회복하는 동안 다른 어른들이 하루도 쉬지 않고 준비하고 있을 테니 염려 말라고 하셨어. 우리를 도와주실 거고. 그러니까 네가 일하지 않아도 돼."

"엄마, 신바빌로니아제국이 우리가 유대로 돌아가게 내버려 둘 리가 없잖아요."

"미사엘, 엄마와 아빠가 포로로 잡혀 올 때 꼬박 열흘 동안 제대로 먹지도 쉬지도 못하고 사슬에 묶여 끌려왔단다. 그때는 무섭기만 했단다. 그런데 지금은 달라. 우리 민족이 똘똘 뭉쳐 준비하고 있으니까. 너 같은 아이들이 함께 힘을 모은다면 반드시 예루살렘으로 돌아갈 날이 올 거야. 아빠는 바로 그걸 말해 주고 싶었던 거야."

나는 이제야 아빠의 말뜻을 알 것 같았어요. 나는 고개를 끄덕이고 엄마를 따라 천막 안으로 들어갔어요.

"아빠, 죄송해요. 제가 잘못했어요."

"이제라도 아빠 마음 알아줘서 고맙다. 머지않아 바빌론도 힘이 약해질 거다. 우리는 유대를 다시 세우기 위해 힘을 기르고 있어. 그날이 곧 올 거야. 미사엘, 그날을 준비하며 부끄럽지 않게 살자."

아빠의 눈빛이 그 어느 때보다 빛났어요. 아빠 말을 들으니 모두 힘을 합친다면 언젠가 유대로 돌아갈 수 있을 것 같았어요.

"알았어요, 아빠 말씀대로 히브리어를 열심히 공부해서 유대를 다시 세우는 지도자가 될게요. 오늘부터 당장 엄마도 돕고요!"

나는 아빠와 굳게 약속했어요.

무슨 일이 있었던 걸까요?
카르케미시 전투(기원전 605년)

메소포타미아 지역을 차지하기 위해 이집트와 바빌로니아는 카르케미시(메소포타미아 북서쪽)에서 전쟁을 벌였어요. 이집트를 물리치고 승리한 바빌로니아의 네부카드네자르 2세는 귀국하는 길에 남유대의 수도 예루살렘을 공격했어요. 네부카드네자르 2세는 예루살렘을 파괴하고 성전과 왕궁의 보물을 빼앗아 갔어요. 뿐만 아니라 왕자들을 죽이고 유대 왕을 끌고 갔어요. 그 후로 예루살렘의 지도자들과 군인들, 뛰어난 장인들이 차례로 바빌론으로 끌려갔어요. 수만 명의 유대인들이 바빌론에 포로로 끌려간 이

▲ 《허치슨의 국가사》(1915년)에 있는 일러스트

시기를 '바빌론 유수'(기원전 597~기원전 582년)라고 해요.

메소포타미아 최강대국이 된 신바빌로니아제국은 예루살렘에서 사로잡아 온 유대 난민들을 동원해서 바빌론성과 지구라트, 공중정원을 짓게 했어요. 유프라테스강에 다리를 놓고 성채를 쌓아 적의 침략에 대비했지요. 바빌론의 북쪽 정문인 이슈타르 문도 이 시기에 지어졌어요. 유대 난민들은 뜨거운 사막에서 모래바람을 맞으며 혹독한 노동에 시달렸어요. 고국에 돌아갈 날을 손꼽아 기다리며 고통을 견뎌야 했지요. 기원전 538년 유대 난민들의 바람은 이루어졌어요. 바빌론을 정복한 페르시아 황제 키루스 2세가 유대 난민들의 귀환을 허락했지요.

유대 난민들이 지은 이슈타르 문은 어떤 건축물일까요?

이슈타르 문(기원전 575년)

이슈타르 문은 신바빌로니아제국 네부카드네자르 2세 때 지어진 바빌론 내성의 8번째 문이에요. 이슈타르 문과 지붕은 최고급 나무(백향목)를 사용했고, 푸른 유약을 입힌 벽돌과 동물 무늬 벽돌을 구워 성벽을 쌓았어요. 한낮에 밝은 햇살이 이슈타르 문을 비추면 '라피스 라줄리'라는 보석을 붙인 것처럼 신비롭고 아름답게 보이도록 하기 위해서였지요.

정문에는 창조의 신이자 최고의 신 '마르두크'를 상징하는 용, 바람과 폭풍의 신 '아다드'를 상징하는 황소를 새겨 넣었어요. 성문으로 들어가는 길은 풍요의 신이자 왕의 수호신인 '이슈타르 여신'을 상징하는 사자를 표현했어요. 이 사자들의 갈기와 털의 색을 다르게 표현하기 위해 진흙 벽돌을 햇볕에 말린 다음 다양한 색의 유약을 입혀 높은 온도에서 구웠어요. 벽돌을 쌓은 후 벽돌 사이에 생기는 미세한 틈은 타르로 메웠어요. 바빌론 대축

▲ 2004년에 바빌론에서 원본보다 작게 복제한 이슈타르 문

제 기간에 축하 사절로 온 사신들은 성문으로 가는 동안 황제의 수호신인 사자들을 보며 공포심을 느끼고 복종을 맹세할 수밖에 없었지요.

 네부카드네자르 2세는 이 문을 건축하고 이슈타르 신에게 바쳤어요. 그래서 '이슈타르 문'이라고 부르게 되었지요. 높이 15미터, 너비 10미터의 성벽에는 성문 건축을 축하하는 네부카드네자르 2세의 글이 고대 아카드어로 기록되어 있어요. 이슈타르 문을 건축한 목적과 왕의 업적을 설명하는 내용이 적혀 있다고 해요.

이슈타르 문은 지금도 남아 있을까요?
베를린으로 간 이슈타르 문(1920~1930년)

 이슈타르 문을 발굴한 사람은 독일 고고학자 로베르트 콜데바이(트로이 유적 발굴)예요. 1899년 콜데바이는 인부들과 함께 이라크 사막을 20미터 정도 파 내려가다가 동물 무늬가 그려진 벽돌들과 수십만 점의 점토판들을 발굴했어요. 2,000년 동안 방치되었던 이슈타르 문을 발굴한 순간이지요. 콜데바이 일행은 마차 4대가 다닐 수 있는 넓은 포장도로(폭 20미터)도 발견했어요. 이 길에서 발견된 설형문자 비문에는 "네부카드네자르 2세가 위대한 마르두크 신의 행렬을 위해 바빌론의 도로를 포장했다"고 기록되어 있었지요.

콜데바이는 이슈타르 문에서 발굴된 유물을 500개의 상자에 담아 베를린으로 옮겼어요. 독일 문화재청은 수만 점의 벽돌 조각들을 하나하나 다시 붙이고, 사라진 벽돌은 당시와 똑같이 구워 내 앞문을 복원했어요. 10년 만에 복원을 마친 이슈타르 문을 페르가몬박물관에 전시했어요. 하지만 뒷문은 전시하기에 너무 커서 창고에 넣어두었어요. 이슈타르 문에 있던 동물 조각 벽돌은 페르가몬박물관뿐만 아니라 세계 곳곳에서 전시하고 있어요. 고대 중동에서 가장 강력했던 신바빌로니아제국의 유물이 고향을 떠나 떠도는 난민 신세가 되어 버렸어요.

2010년부터 독일의 문화재 복원가들은 이슈타르 문 주변의 성벽과 근처에 있는 사원 등을 레이저로 스캔하는 작업을 하고 있어요. 유적의 3D 데이터를 확보해 유적 보존과 향후 복원 작업 등에 활용하기 위해서지요. IS가 우상숭배라는 이유로 이라크와 시리아의 유적을 파괴하고 있기 때문에 더욱 중요한 프로젝트가 되었어요.

세계문화유산이 된 이슈타르 문(2019년)

1978년 이라크 후세인 대통령은 '국민들에게 과거의 영광을 돌려주기 위해 네부카드네자르 2세의 신바빌로니아제국을 다시 건설한다'며 복원 사업을 시작했어요. 이때 복원한 이슈타르 문은 원래 이슈타르 문보다 크기가 더 작고 미완성이었어요. 그마저도 이라크전쟁 때 미군의 공격으로 파괴되고 말았고요. 국제사회는 이라크의 소중한 유물을 파괴한 미국을 맹렬하게 비난했어요. 결국 미국은 자신들의 잘못을 인정하고, 이슈타르 문을 복원하는 데 필요한 막대한 비용을 지원했어요.

이슈타르 문을 포함한 '바빌론'은 이라크의 끈질긴 노력 끝에 2019년 유네스코 세계문화유산에 등재되었어요. 4,000년의 역사를 간직한 고대 바빌론의 수도와 이슈타르 문이 세계문화유산으로 뒤늦게 등재된 까닭은 전쟁을 여러 차례 겪으며 심하게 훼손되었기 때문이에요. 아직도 전체 유물 중 20퍼센트밖에 발굴하지 못했어요.

▲ 고대 바빌론 유적

지금 이라크는
점점 더 늘어가는 난민들

　1988년 이라크와 이란은 유엔의 중재를 받아들여 8년 동안 벌이던 전쟁을 끝냈어요. 전쟁 뒤 이라크는 경제적으로 어려움을 겪었고, 국제 석유 가격까지 내려가는 바람에 더욱 힘들어졌어요. 이라크 후세인 대통령은 쿠웨이트와 사우디아라비아에게 빚을 없애 주고 석유 생산을 줄여 달라고 요구했어요. 하지만 쿠웨이트와 사우디아라비아가 자신들의 요구를 거절하자 이라크는 1990년 8월 쿠웨이트를 침공했어요. 쿠웨이트가 이라크의 석유를 빼돌리고, 석유수출기구가 정한 양보다 많은 양의 석유를 생산한다는 명분으로요. 하지만 미국과 영국이 쿠웨이트의 편을 드는 바람에 패배하고 말았어요.

　2003년에는 미국이 대량살상무기를 가지고 있다는 구실로 이라크를 공격했어요. 첨단 무기를 앞세운 미군이 이끄는 다국적군의 공격을 받은 이라크는 패배했지요. 미군은 이라크에 8년 동안 주둔하며 무기를 찾으려고 애썼지만 찾지 못했어요. 하는 수 없이 2010년 8월 미국 버락 오바마 대통령은 종전을 선언했어요.

　미국과 이라크 전쟁으로 400만 명이 넘는 난민이 발생했어요. 그 뒤로도 이슬람 수니파와 시아파의 종교 갈등 때문에 수십만 명이 고향을 떠났고요. 지금도 매월 십만 명 정도가 이라크를 빠져나가고 있어요.

전쟁의 가장 큰 희생자가 된 어린이들

이라크전쟁과 걸프전에서 가장 큰 희생자는 어린이들이에요. 유엔아동기금(유니세프)은 걸프전이 일어나기 전부터 이라크의 어린이들을 보호하는 데 참여해 달라고 온 세계에 호소했지요.

유니세프가 밝힌 이라크 어린이들의 상황은 심각했어요. 절반이 넘는 임산부들이 철분 부족으로 이라크 어린이의 약 4분의 1이 저체중아로 태어났어요. 식량이 부족해서 5살 미만 어린이의 약 4분의 1이 영양실조에 시달리고 있었고요. 전쟁으로 부모들이 다치면서 일을 할 수 없게 되자 아이들이 단백질을 충분히 섭취하지 못했기 때문이에요. 게다가 이라크 난민 아이들은 전쟁의 공포를 겪은 후 당시의 공포와 상처에서 벗어나지 못하고 있어요. 심지어 폭탄 테러를 일으킨 부모를 둔 아이들은 감옥에 갇혀 고통받고 있어요.

이탈리아 콜로세움

우리는 이스라엘!

유대 난민이라는 이유로
나를 괴롭히는 카이소

"율리우스, 콜로세움이 완공되면 검투사 경기가 100일 동안이나 열린대. 정말 굉장하지 않아?"

카이소가 목소리를 높여 말했어요.

"그럼. 호랑이, 사자 같은 맹수를 경기장에 풀어놓고 사냥을 한다는 소문도 들었어."

율리우스는 신이 나는지 화살을 쏘는 시늉을 해댔어요.

"그나저나 게으르고 멍청한 유대 놈들이 일을 제대로 해야 콜로세움이 완공될 거 아냐. 안 그러냐 요셉?"

카이소가 나를 툭툭 치며 시비를 걸었어요. 나는 못 들은 척 카이소의 샌들 끈을 마저 묶었어요. 하지만 마음속으로는 화가 부글부글 끓어올랐어요. 내가 괴롭힘을 당하는 것도, 8년째 콜로세움 공사 현장에서 일하고 있는 아빠와 형을 욕하는 것도 싫었어요. 이스라엘이 전쟁에서 지지만 않았어도 이런 모욕을 당하지는 않았을 거예요.

로마의 식민지였던 이스라엘은 예루살렘 성전에 로마인을 제사장으로 임명하고 엄청난 성전세를 거둬들이자 66년 반란을 일으켰어요. 하지만

3년 뒤 로마군에게 예루살렘성이 함락되면서 유대인들은 로마로 끌려왔지요. 로마는 예루살렘 성전의 보물도 빼앗아 콜로세움을 세우는 데 썼고, 유대인들을 콜로세움 공사에 동원했어요.

"야, 왜 대답이 없어? 유대 난민 주제에 대로마제국의 귀족 말을 무시해?"

카이소가 내 머리를 때리더니 성에 차지 않았는지 발길질까지 했어요. 나는 한참 동안 그대로 맞고만 있었어요. '유대 난민 주제에'라는 말을 입에 달고 사는 카이소 같은 로마 사람에게 나는 아무런 저항도 할 수 없는 난민이니까요.

"그만해. 기분 망칠 필요 없잖아. 어서 스승님께 가자."

그러자 옆에 있던 율리우스가 카이소를 말렸어요.

카이소는 아무 일도 없었다는 듯 태연한 표정으로 학교로 들어갔어요. 나는 흙먼지를 털고 일어나 카이소의 뒤통수를 한참 노려보았어요. 상처가 나을 만하면 또 이렇게 온몸이 상처투성이가 되어 버리는 내 신세가 비참했어요. 힘센 아빠와 형이 있으면 뭐해요. 아빠와 형도 날 보호해 줄 수 없는걸요.

상처를 들켜 버린 요셉

저녁이 되자 나는 상처투성이 몸을 이끌고 집으로 향했어요. 어떻게든 엄마, 아빠와 형의 눈에 띄지 않게 상처를 감추고 싶었지만 짧은 천으로는 가릴 수가 없었어요. 생각 끝에 나는 상처에 진흙을 발랐어요. 내 상처를 보고 눈물을 흘릴 엄마, 아빠와 벽을 쾅쾅 내리칠 형의 얼굴이 떠올랐기 때문이지요.

나는 애써 웃으며 문을 열었어요.

"엄마, 저 왔어요."

주인집에서 가져온 빵을 자르던 엄마는 일어나 나에게 다가왔어요. 나는 순간 긴장이 되었어요. 혹시라도 엄마가 내 상처를 발견할까 봐 조마조마했지요.

"오늘따라 왜 이렇게 진흙이 많이 묻었어? 얼른 씻거라."

"엄마, 너무 배고파요. 일단 손만 씻고 저녁 먹은 다음에요."

나는 배를 움켜쥐며 말했어요. 내가 손을 씻고 났을 때 아빠와 형도 마침 일을 마치고 집에 돌아왔어요. 나는 허겁지겁 빵을 베어 먹었어요.

"요셉, 좀 천천히 먹어."

엄마가 빵을 절반이나 떼어 주며 말했어요.

"그러지 마. 당신도 먹어야 힘이 나지."

아빠는 엄마의 빵을 돌려주고 아빠의 빵을 조금 떼어 주었어요.

"요셉이 한창 먹을 나이긴 하죠."

형도 씨익 웃으며 빵을 조금 떼어 주었어요.

"우리가 로마에서 난민으로 살고 있지만 서로를 위하는 가족이 있어 행복해요. 그렇지, 요셉?"

형이 내 팔을 툭 쳤어요. 나는 상처가 쓰라려 얼굴을 찡그렸어요. 그런데 더 큰 문제는 마른 진흙이 떨어지면서 상처가 드러난 거예요. 상처를 본 엄마, 아빠와 형이 놀란 눈으로 나를 바라보았어요.

"또 카이소한테 맞은 거야?"

형이 이글거리는 눈으로 내 상처를 보았어요. 엄마는 물수건으로 진흙이 묻은 부분을 닦아냈어요. 몸 여기저기에 드러난 상처를 닦다가 엄마가 울음을 터뜨렸어요. 아빠는 입술을 깨물며 울음을 꾹 참았지요. 형은 일어나 방을 왔다 갔다 하며 화를 삭이려 안간힘을 썼어요.

"귀한 내 아들한테 이런 몹쓸 짓을 하다니…. 미안하다. 아빠가 미안해. 아빠가 나라를 빨리 되찾았더라면 지금 네가 이런 일을 당하고 살지는 않았을 텐데…."

아빠는 상처에 약초를 발라 주며 말했어요.

"오늘 카이소가 유대 난민 때문에 콜로세움 공사가 늦어진다며 우리를 모욕했어요. 저는 그게 더 화가 나요."

나는 그 말을 하다 아빠의 이마 왼쪽에 깊이 파인 상처를 보았어요. 형의 팔뚝과 발뒤꿈치에 굳은살이 되어 버린 상처들도 보았지요. 나보다

아빠와 형은 더 심한 모욕을 견디며 콜로세움 공사장에서 일하고 있다는 걸 잘 알고 있어요.

우리는 이스라엘

"티투스 황제가 콜로세움 건축을 서두를수록 우리는 더 혹독한 노동에 시달린단다."

아빠가 말했어요.

"그것도 모자라 로마 시민들의 오락거리를 만들어 주자고 콜로세움에서 검투사 경기를 한대요. 지독한 놈들."

형이 분통을 터뜨렸어요.

"검투사 경기가 어때서?"

나는 형이 왜 화를 내는지 몰라 답답했어요. 카이소가 말한 검투사 경기는 진짜 재미있을 것 같았거든요.

"요셉, 잘 들어. 유대 난민 중에서 몸집이 좋은 남자들을 뽑아 검투사로 훈련시켜서 경기에 내보내는 거야. 검투사 경기는 한쪽이 죽을 때까지 싸우는 경기고."

나는 형의 말을 듣고 깜짝 놀랐어요.

"사냥놀이는 괜찮은 거지?"

"사냥놀이의 먹잇감이 누군지 알아? 바로 죄수나 우리 같은 전쟁 난민들이야. 유대 난민들이 콜로세움에서 사자 밥이 되어 갈기갈기 찢길 거야. 그래도 괜찮아?"

나는 머릿속에 너무 끔찍한 광경이 떠올라 온몸에 소름이 돋았어요.

"사자 밥이 되게 한다고요? 어떻게? 어떻게 그럴 수가 있어요?"

나는 참다못해 고함을 질러댔어요. 그러자 아빠가 나를 안고서는 등을 토닥였어요.

"그래. 그런 짓을 하지 못하게 막을 수 있다면 얼마나 좋겠니? 하지만 지금 우리가 할 수 있는 건 버티는 것뿐이란다. 그리고 끝까지 살아남아 언젠가 로마를 무너뜨릴 날을 기다리며 힘을 길러야 해. 요셉, 유다. 너희들 마음 단단히 먹어라."

낮지만 강한 힘이 느껴지는 아빠의 목소리를 듣고 나는 용기가 났어요.

"아빠 말씀이 맞아요. 저는 친구들과 함께 때를 기다리며 힘을 기르고 있어요. 우리는 7천 명의 용사를 모을 계획이에요. 벌써 2백 명이나 모였고요. 요셉, 너도 내년이면 열세 살이니까 자격이 생겨. 형이랑 함께 할 거지?"

형이 내 손을 꼭 쥐고 물었어요.

"그럼. 당연하지. 나는 이스라엘 사람이니까."

나는 힘주어 말했어요.

"언제부터 그런 일을 계획했어? 아빠와 친구들은 발각되는 바람에 포기했는데… 너희들이 어른들보다 용감하구나."

아빠가 형의 어깨에 팔을 둘렀어요. 형이 자랑스럽다는 표정을 지으면서요.

"유다, 엄마들도 도울게. 우리는 이스라엘 사람이니까."

그동안 듣고만 있던 엄마도 거들었어요.

"우리는 이스라엘!"

나는 엄마의 말이 끝나자마자 구호를 외쳤어요.

"우리는 이스라엘!"

아빠도 형도 따라 외쳤어요. 함께 구호를 외칠수록 가슴 깊은 곳에서 알 수 없는 힘이 솟구치는 게 느껴졌어요. 이스라엘을 되찾을 날이 머지않은 것 같았어요.

무슨 일이 있었던 걸까요?
유대와 로마 전쟁(66~73년)

　로마의 식민지였던 유대는 유일신 '야훼'를 믿었어요. 그런데 로마제국이 황제 숭배를 강요하고 예루살렘 성전에 내는 돈까지 약탈하면서 유대인들의 분노가 폭발했지요. 반란이 커지자 후퇴한 로마군은 66년에 또 예루살렘을 공격했어요. 그런데 갑자기 네로 황제가 죽으면서 전쟁이 중단되었지요. 69년에 다시 쳐들어온 로마군은(티투스 장군) 예루살렘 성전을 무너뜨리고 보물을 빼앗아 갔어요. 이 전쟁으로 유대인 110만 명이 죽고 약 10만 명이 포로로 잡혀갔어요. 이때부터 유대인들은 전 세계로 뿔뿔이 흩어졌고 300년 동안 박해를 받았어요.

　티투스 황제는 예루살렘 성전에서 가져온 보물을 콜로세움을 세우는 데 사용했어요. 유대 난민 6만 명을 로마 각 지방에 팔아 부족한 콜로세움 건축비에 보탰고요. 나머지 4만 명은 콜로세움 공사장으로 보냈어요. 유대 난민들은 로마에서 20킬로미터 떨어진 채석장에서 돌을 옮겨오는 일을 해야 했고, 콘크리트를 만드는 일을 하는 등 고된 노동에 시달렸어요. 또한 자신들이 만든 건물에서 동족인 유대 노예나 검투사들이 로마 시민들의 오락거리가 되어 죽어 가는 모습을 지켜봐야 했지요.

유대 난민들이 지은 콜로세움은 어떤 건축물일까요?

콜로세움(건축 기간 72~80년, 사용 기간 80~523년)

콜로세움(플라비우스 원형 경기장)은 모의 해전과 사냥, 검투 경기가 열렸던 원형 경기장이에요. 베스파시아누스 황제는 자신의 힘을 과시하고 로마 시민들의 인기를 얻기 위해 콜로세움을 건축했어요. 베스파시아누스 황제가 2층까지 공사했고, 아들인 티투스 황제가 3층까지 지었어요. 티투스 황제의 동생인 도미티아누스는 지하 공간을 만들고 1층을 더 올려 지하 1층과 지상 4층으로 이루어진 콜로세움을 완성했어요.

콜로세움의 건축 기술과 구조

콜로세움은 두 개의 원형 경기장을 합쳐 놓은 모양으로 로마 역사상 가장 큰 경기장이었어요. 48미터 높이의 콜로세움을 지으려면 무거운 건물을 지탱할 수 있는 특별한 기술이 필요했어요. 건축 기술자들은 연구 끝에 견고한 콘크리트(석회 + 화산재)와 벽돌처럼 가벼운 건축 재료를 사용했어요. 이 건축 재료를 이용해 기둥과 아치로 무게가 가벼운 벽을 세웠어요. 그 결과 재료는 적게 들이면서 가볍고 튼튼한 고층 건물을 세울 수 있었지요.

▲ 콜로세움 내부

지하에는 노예와 검투사들이 경기 전까지 대기하는 장소와 맹수를 가두어 두는 우리가 있었어요. 지하에 엘리베이터를 설치해 맹수들이 지하에서 1층 경기장으로 올라오는 극적인 장면을 연출했어요.

바깥쪽 벽은 대리석으로 장식했어요. 경기장 바닥에는 모래를 채웠고, 5만여 명이 앉을 수 있는 관중석도 만들었지요. 1층은 황제와 원로원, 2층은 귀족, 3층은 평민들이 앉았어요. 4층은 가난한 사람들과 여자들이 앉았고, 나무 기둥을 박고 천막을 달아 필요할 때마다 열고 닫았어요. 덕분에 햇빛이 뜨거운 날은 서늘한 그늘에서 경기를 관람할 수 있었지요. 하지만 무덤 관리인, 배우, 전직 검투사들은 경기장에 들어올 수 없었어요.

모의 해전

80년 티투스 황제가 콜로세움 완공을 축하하며 100일 동안 열린 행사에서는 모의 해상 전투를 벌였어요. 모의 해전을 위해서 경기장 바닥과 나무 기둥을 치우고 수로를 통해 물을 공급했어요. 지하 공간에 물(65,000리터)을 가득 채우는 데 2시간에서 5시간 정도 걸렸다고 해요. 원래 모의 해전은 인공 호수 위에 배를 띄우고 전쟁의 승리를 기념하는 행사였지만 점차 배에 범죄자나 노예를 태워 한쪽이 이길 때까지 싸우는 전투로 변했어요.

동물 사냥

콜로세움에서 로마 시민들은 동물 사냥을 즐겼어요. 경기장에 나무와 기둥을 설치하여 실제 숲처럼 꾸몄고, 엘리베이터를 이용해 지하에 있던 동물들을 경기장에 풀어놓았어요. 주로 아프리카와 중앙아시아에서 잡아 온 사자, 표범, 곰, 코끼리 등의 동물들이 사냥에 동원되었지요. 동물들이 죽으면 가죽은 시민에게 선물했고, 고기는 다음 사냥을 위해 갇혀 있는 동물들에게 먹이로 던져 줬어요. 콜로세움 완공 기념 축제 기간(100일)만 해도 5,000마리의 동물이 희생되었다고 해요.

▲ 로마 콜로세움의 검투사들

검투 경기

검투 경기는 콜로세움에서 열리는 행사 중 가장 인기가 좋았어요. 경기의 재미를 위해 실력이 비슷한 검투사끼리 겨루게 했고, 경기를 치를 때마다 20명의 검투사가 목숨을 잃었어요. 보통 검투사가 된 지 1년 이내에 죽었고 1년을 넘기더라도 3년 안에 대부분 사망했지요. 초기 검투 경기는 한쪽이 목숨을 잃어야 끝나는 잔인한 경기였기 때문이에요. 황제가 관중들의 의견을 받아들여 패자의 생사를 결정하기도 했어요. 콜로세움 개장 첫날, 특별히 티투스 황제는 마지막까지 팽팽한 대결을 펼치는 검투사들에게 종려나무 관과 목검을 내리며 자유인이 되었음을 선포했어요.

유대 난민이 세운 콜로세움은 지금도 남아 있을까요?

완벽하게 복원되는 콜로세움

1980년 콜로세움은 로마의 찬란한 문화를 대표하는 뛰어난 건축물로 인정받아 유네스코 세계문화유산으로 등재되었어요. 2000년 이탈리아 정부는 보수 작업을 하고, 밤에는 야경을 볼 수 있는 조명도 달았어요.

2011년 이탈리아 패션 회사인 토즈의 기부로 콜로세움을 다시 복원하고 있어요. 1단계로 바깥벽 정비 작업을 마무리하고, 2단계로 지하 공간을 복원했어요. 콜로세움 지하 공간은 검투사와 맹수들이 경기장으로 올라가기 전에 대기하던 곳이에요. 지진으로 땅속에 묻혔던 지하 공간을 복원해서 2021년에 관광객들에게 개방했어요. 3단계로 미술관 건립과 조명 시설을 설치한 것으로, 복원 작업이 끝나는 시기는 2024년이에요. 이 복원에는 고고학자와 공학자 등 전문가 81명이 투입되었어요. 현재 콜로세움은 해마다 700만여 명이 찾는 이탈리아의 대표적인 관광 명소예요.

사형제도 폐지의 상징이 된 콜로세움

콜로세움은 1999년부터 사형제도 폐지의 국제 캠페인 상징물로 자리 잡았어요. 로마시는 각국에서 사형제도가 유예되거나 폐지될 때마다 콜로세움을 비추는 야간 조명을 다르게 해서 사형제도 폐지를 지지하고 있어요. 수많은 죄수와 검투사, 동물이 희생되었던 공간이 오늘날 인간 생명을 존중하는 건축물로 거듭나고 있어요.

지금 이탈리아는

1997년 유럽연합은 이주민이 유럽연합에 처음 발을 디딘 나라에 망명이나 난민 신청을 해야 한다는 '더블린조약'을 맺었어요. 얼마 지나지 않아 리비아 내전(2011년)과 시리아 내전(2011년)이 일어나면서 수백만 명의 난민이 발생했어요. 이탈리아, 몰타, 그리스 같은 나라들은 한꺼번에 몰려드는 난민을 받아들여야 하는 위기에 처했지요. 하지만 경제적으로 어려움을 겪고 있던 국민들은 난민 거부 시위를 벌였어요.

결국 2019년 이탈리아 정부가 '오픈 암즈(난민 구조선)'에 탄 리비아 난민 147명 중 67명(미성년자, 환자)을 제외한 80명을 수용하지 않겠다고 했어요. 오갈 데 없어진 난민들은 3주 동안 바다 위를 떠돌며 굶주림과 무더위에 시달렸지요. 난민 구조선의 입국을 거부하던 이탈리아 정부는 오픈 암즈 설립자가 난민의 생명과 안전이 위협받고 있다고 호소하자 난민을 모두 수용하기로 했어요. 그러면서도 "이탈리아는 유럽의 난민 캠프가 아니다"며 앞으로 난민 수용을 하지 않겠다고 했어요.

2023년 유럽연합은 '신난민협약'을 타결했어요. 유럽연합 국경에 도착한 난민 신청자를 회원국들이 나누어 수용하거나, 거부할 경우 1인당 2만 유로(3천만 원)를 EU 대책기금에 보태기로 했지요. 돈 대신 본국에 물품을 지원하거나 인프라를 건설하는 방법도 제시했어요. '신난민협약'은 이탈리아, 몰타, 그리스 같은 나라로 난민들이 몰리지 않고, 난민 심사 속도가 빨라지는 효과가 있어요. 그러나 돈을 내고 '난민 거부권'을 행사하여 난민들을 본국으로 돌려보내는 사례가 늘어날 가능성도 커지지요.

일본 이마리 도자기

조선의 마음을 빚는 장인이 될 거야!

연이가 처음 만든 그릇

오늘은 연이가 채색한 그릇이 세상에 나오는 날이에요. 연이는 일어나자마자 눈꼽을 떼는 둥 마는 둥 하고 방문을 열어젖혔어요. 지금쯤이면 오름 가마(도자기를 굽는 계단식 가마)에서 그릇이 나오거든요.

"연이야, 얼른 밥 차리는 것 좀 도와라! 조금 있으면 가마 식구들 아침 먹으러 몰려올 거다."

부엌에서 할머니가 부르는 소리가 들렸어요. 연이는 못 들은 척 대문으로 달음박질을 했어요.

"이놈의 가시나, 냉큼 안 올래! 아침부터 또 어딜 싸돌아 다니려고?"

연이는 할머니에게 잡힐까 봐 냅다 뛰었어요. 할머니한테 잡혔다가는 상 닦아라, 수저 놓아라, 반찬 담아라, 부엌일을 시킬 게 뻔하거든요. 연이는 열세 살이 되도록 부엌 심부름만 시키는 할머니가 야속했어요.

할머니는 늘 입버릇처럼 말했어요. 임진왜란만 일어나지 않았어도 김해에서 도자기를 구우며 재미나게 살았을 거라고요. 할머니는 그 말 끝에 꼭 가마 근처에는 얼씬도 하지 말라고 덧붙였어요. 할머니가 말릴수록 연이는 그릇을 만들고 싶은 마음이 더욱 간절해졌어요. 그래서 몇 달 전부터 할머니 몰래 도공장 어르신에게 채색을 배우기 시작했어요.

연이는 가마가 있는 마을 뒤편 언덕으로 향했어요. 오름가마에 도착했을 때 막 불대장(도자기를 굽는 가마에 불 때는 장인) 아재들이 그릇을 꺼내고 있었어요. 도공장 어르신은 그 옆에서 그릇을 하나하나 살펴보고 있었고요.

"성운 아재, 내 접시 예쁘게 나왔어요?"

연이가 물었어요.

"처음치고는 괜찮다. 어르신, 그렇죠?"

성운 아재가 빙그레 웃으며 어르신을 바라보며 말했어요. 도공장 어르신은 고개를 끄덕이며 연이에게 접시를 건넸지요. 연이는 두 손으로 조심스럽게 접시를 받아 들었어요. 뽀얀 우유 빛깔 접시에 파란 안료(물감)로 색칠한 패랭이꽃을 보니 가슴이 벅차올랐어요. 자꾸만 실실 웃음이 나왔지요.

"그리 좋냐?"

도공장 어르신이 연이를 대견한 듯 바라보았어요.

"네, 엄청 좋아요."

연이의 입이 귀에 걸렸어요.

"잘했다. 연이는 눈썰미도 좋고, 손도 야무진 게 꼭 너희 할머니를 빼닮았다."

"우리 할머니를요? 우리 할머니는 그릇 만드는 재주가 없다고 했는데요?"

"내 나이 서른여덟에 임진왜란이 났지. 왜군들이 사기장이(도자기 장인)들을 찾아 김해 가마터를 샅샅이 뒤졌단다. 너희 할배가 끌려가지 않으려고 도망치다 왜놈들한테 목숨을 잃지만 않았어도 너희 할머니는 재미나게 그릇을 만들며 살았을 거다. 둘이 어쩌면 그렇게 손발이 척척 잘 맞았는지."

"어르신, 그럼 우리 할머니 마음 좀 돌려주세요."

도공장 어르신이 쉽지 않다는 듯 고개를 가로저었어요.

산산조각 난 접시

연이는 자기가 만든 접시를 보면 할머니 마음이 바뀔지도 모른다고 생각하며 집으로 향했어요. 할머니가 이모들과 마당에 놓인 상에 아침밥을 차리고 있었어요.

"할머니, 이거 한 번 보세요."

연이는 할머니에게 다가가 접시를 내밀었어요.

"쓸데없는 짓거리 하지 말고 치워라!"

할머니 표정이 한겨울 얼음처럼 차가웠어요. 그러고는 접시를 빼앗아 집어던졌어요. 할머니가 던진 접시가 밥상 모서리에 맞아 쨍그랑 소리를 내며 바닥에 떨어졌어요. 연이는 눈앞에서 접시가 산산조각이 나는 모습을 보고 부아가 치밀었어요.

"할머니 왜 그래요? 성운 아재도, 도공장 어르신도 잘했다고 칭찬했어요."

연이는 따져 물었어요.

그때 도공장 어르신을 부축하고 마당으로 들어오던 성운 아재도 한마디 거들었어요.

"아주머니, 웬만하면 허락해 주세요. 저리도 만들고 싶어하는데."

"나는 연이가 왜놈들을 위해 그릇 만드는 꼴은 못 봐. 연이 할애비 도망치다 잡혀 죽고, 연이 애비와 애미 약 한 번 못 써 보고 역병으로 죽은 거 여기서 모르는 사람 있나? 그런데 연이한테 왜놈들 차지가 될 그릇을 만들라고는 할 수 없어!"

할머니답지 않게 울부짖으며 말했어요.

"연이야, 얼른 가서 할머니 달래 드려라."

성운 아재가 깨진 접시 조각을 빗자루로 쓸며 말했어요. 연이는 아궁이 앞에 주저앉아 서럽게 울고 있는 할머니에게 다가갔어요. 연이는 할머니를 뒤에서 꼭 끌어안았어요.

"할머니, 울지 마세요."

연이 눈에서도 눈물이 하염없이 흘러내렸어요.

"자네 맘 다 아네. 나나 자네나 남의 나라 땅에 자식 묻고 억장이 무너졌지. 나를 따르는 가마 식구들 지키려고 하루하루 버티다 보니 모진 세월도 살아지더군. 자네도 하나뿐인 손녀딸 보며 버텨왔지 않은가. 그러니 마음 추스르게."

도공장 어르신이 다가와 할머니를 위로했어요.

"어르신…"

할머니가 앞치마로 눈물을 연신 훔쳤어요.

아리타 마을에 사는 조선 사람들은 모두 도자기 만드는 일을 하고 있었어요. 흙 반죽부터 재벌구이까지의 과정은 남자들이 했고, 채색은 여자들의 몫이었어요. 하지만 연이는 도자기 만드는 과정을 모두 익히고 싶었어요.

"할머니, 나는 왜놈들을 위해 그릇을 만들고 싶은 게 아니예요. 내 마음속에 있는 아버지, 어머니와 함께 조선의 그릇을 빚고 싶은 거예요. 왜놈들이 가져다 쓰고, 화란(네덜란드)에 판다 해도 조선 도공들의 혼이 담긴 조선의 그릇이잖아요."

할머니는 아무 말도 하지 않고 연이를 물끄러미 바라보았어요. 그 일이 있고 난 뒤에는 연이가 몰래 가마에 가도 모른 척했어요.

조선의 보물을 빚는 장인

며칠 후였어요. 연이는 할머니의 생신을 앞두고 특별한 선물을 준비했어요. 그동안 어른들이 그려 놓은 도안을 따라 색칠을 해왔는데 이번에는 오로지 할머니를 위해 도안을 만들고 접시에 무늬를 그려 넣었어요. 유약 바른 그릇을 재벌하고, 파란색 안료로 색을 칠해 구웠어요. 사흘 뒤 성운 아재는 연이가 만든 그릇을 꺼냈어요. 갈대숲 위를 떼지어 날아가는 기러기들이 그려진 그릇이었지요.

"할머니, 이번에는 내가 직접 도안을 그렸어요. 기러기들은 조선 땅을 마음대로 드나들 수 있잖아요. 이 기러기들이 할머니한테 조선의 소식을 전해 줄 거예요. 그리고 언젠가는 조선 땅을 밟을 날이 올 거예요. 그때까지 할머니 오래오래 살아야 해요."

할머니는 연이가 직접 그리고 채색한 접시를 찬찬히 살펴보았어요. 그러고는 연이의 눈동자를 들여다보았어요.

"그리도 그릇을 만들고 싶으냐? 흙 삭히는 것부터 차근차근 배워야 할 텐데."

"네. 뭐든 다 할 수 있어요."

연이는 자신 있게 대답했어요.

"뜨거운 불을 견디고 그릇이 태어난 순간 어떤 기분이 들더냐?"

할머니가 연이를 대견하다는 듯 바라보며 물었어요. 마치 연이가 숨을 참고 무늬를 그리는 모습, 숨을 내쉰 다음 숨을 죽이며 기러기 한 마리 한 마리를 칠하는 모습을 보기라도 하는 것처럼요.

"할머니 그냥 기뻤어요. 말할 수 없이 기뻤어요."

"그럼 마음 단단히 먹고 제대로 배우거라."

연이는 고마운 마음에 할머니를 와락 끌어안았어요.

"고향을 그리워하는 할머니 마음을 달래 주어서 고맙구나! 장차 이 손이 조선의 보물을 빚겠구나!"

할머니는 눈물을 글썽이며 연이의 손을 어루만졌어요.

무슨 일이 있었던 걸까요?

임진왜란(1592~1598년)

▲ 도요토미 히데요시

일본을 통일한 도요토미 히데요시는 할 일이 없어진 무사들의 반란을 잠재우고 조선과 명나라를 거쳐 인도까지 차지할 속셈으로 전쟁을 준비했어요. 1592년 4월, 일본은 조선에게 명나라(중국)를 정벌하러 갈 테니 길을 내달라며 임진왜란을 일으켰어요.

임진왜란 때 일본이 가장 욕심을 낸 조선의 보물은 도자기예요. 그때까지 일본은 도자기를 만드는 기술이 없었기 때문이지요. 당시만 해도 전 세계에서 1,300도 이상의 온도에서 백자를 구워 내는 기술을 가진 나라는 중국과 조선뿐이었어요. 영주들을 지키기 위해 늘 싸워야 했던 일본 무사들은 정신 수련을 위해 차를 마셨어요. 일본 무사들은 소박하고 기품 있는 조선의 찻잔을 최고로 여기며 귀하게 여겼지요. 그래서 조선의 찻잔은 일본의 성 하나와 맞바꿀 정도로 인기가 높았어요. 일본은 조선의 도자기를 약탈하고, 조선처럼 수준 높은 도자기를 만들 계획으로 도자기가 많이 나는 강진과 김해 지역을 공격했어요. 조선의 도자기 장인들은 하루아침에 난민이 되어 낯선 일본 땅에 정착해야 했지요.

규수 지역 영주들은 조선의 도자기 장인들을 끌고 와서 도자기를 만들라고 명령했어요. 명나라가 여진족과 전쟁을 벌여 도자기 생산이 중단된 틈을 타서 조선의 장인들이 만든 도자기를 유럽에 수출했지요. 유럽에서 중국의 청화백자보다 품질이 좋은 일본의 도자기가 큰 인기를 얻었어요. 이때부터 유럽은 일본을 '도자기의 나라', 임진왜란을 '도자기 전쟁'이라고 불렀어요.

조선 난민들이 만든 아리타 도자기는 어떤 도자기일까요?

아리타 도자기

아리타 도자기는 임진왜란 때 끌려간 조선의 도자기 장인들이 아리타 마을(사가현)에서 만든 백자를 이마리 항구를 통해 유럽으로 수출하면서 '이마리 도자기'라고도 불렸어요. 1616년 조선의 도자기 장인 이삼평은 아리타 마을에서 백령토(백자를 만드는 흙) 광산을 발견해 일본 최초로 백자를 만드는 데 성공했어요.

하지만 너도나도 백자를 만드는 바람에 품질이 떨어졌지요. 사가현 영주는 아리타에 몰려온 일본 도공 826명을 추방하고 이삼평 일가(155가구)에게 아리타 도자기를 독점으로 생산할 수 있게 했어요.

   초기 아리타 도자기는 푸른색 유약으로 그림을 그린 조선의 백자처럼 소박했어요. 하지만 중국의 경덕전 장인들이 합류하고, 일본의 색채와 문양이 더해지면서 화려한 도자기로 발전했지요. 아리타 도자기는 17세기부터 19세기까지 유럽으로 2,000만 점이 넘게 팔렸어요. 파리만국박람회(1867

▲ 아리타 도자기 접시

년)와 빈만국박람회(1900년)에서 대상을 타면서 품질을 인정받았고요. 아리타 도자기는 독일의 마이센 도자기, 영국의 로얄크라운 더비, 웨지우드 등 유럽 도자기 발전에도 영향을 끼쳤어요. 아리타 도자기를 수출하여 벌어들인 막대한 돈은 일본이 아시아에서 가장 먼저 근대화를 이루는 데 밑거름이 되었지요.

조선 도자기 장인

임진왜란 때 일본(규슈)으로 끌려간 조선 도공들은 가고시마현, 야마구치현, 사가현에 정착했어요. 그중 이삼평(사가현)은 일본 최초로 백자를 만들어 '일본 도자기의 아버지(도조)'가 되었지요. '도자기의 어머니'라고 불리는 백파선(가고시마현)도 7년 뒤 960명을 데리고 아리타 지역으로 왔어요.

도공들은 조선에서 사기장이라 불리며 천민으로 살았지만 일본에서는 장인이라 불리며 무사 계급의 대접을 받았어요. 조선말을 쓰고 조선 옷을 입고, 조선인들끼리 모여 살게 해 주었고요. 하지만 조선의 도공들이 아무리 대접을 받는다 해도 창살 없는 감옥에 갇혀 사는 난민에 불과했어요. 평생 고향을 그리워하는 마음을 품은 채 아리타 마을을 벗어나지 못했으니까요. 400여 년 전 일본과 세계를 휩쓴 아리타 도자기에는 이토록 가슴 아픈 조선 장인들의 혼이 배어 있어요.

아리타 도자기와 조선 난민 후손

아리타 마을에서는 1904년부터 119년째(2023년 기준) 아리타 국제 도자기 축제가 열리고 있어요. 매년 4월 29일부터 5월 5일까지 100만여 명의 관광객이 방문할 정도로 인기가 있는 축제예요. 아리타 마을에는 '도자기의 아버지' 이삼평을 기리는 신사와 기념비가 있어요. 그곳에서 5월 4일에 이삼평을 추앙하는 도조제가 열려요. '도자기의 어머니'인 백파선을 기념하는 갤러리와 이름 없는 도공들의 무덤 880개를 한곳에 모아 쌓은 탑도 있지요.

현재 아리타 마을에는 5대까지 도자기를 만들다 잠시 쉬던 이삼평 후손이 12대부터 다시 도자기를

▲ 도조 이삼평 비

빚으며 그 전통을 이어오고 있어요. 이삼평에게 기술을 전수받은 도자기 장인들이 30개의 가마를 운영하고 있으며, 480여 개의 도자기 가게에 손님들의 발길이 끊이지 않고 있어요.

지금 일본은

난민은 지원하지만 난민 수용은 거부하는 일본

일본은 2016년 유엔난민기구에 3년간 3조 1388억 원을 지원하기로 약속했어요.

레바논에 거주하는 난민들의 직업 훈련을 돕고, 농업용 관개수로를 건설해 3만 명 이상을 돕기도 했어요. 2022년 기준 유엔난민기구에 상위 80퍼센트를 기부하는 10개 후원국에 속할 정도로 상당한 액수의 기금을 후원하고 있어요.

일본은 1981년 난민협약에 가입했지만 난민 인정 비율은 0.1퍼센트에 불과해요. 해가 갈수록 난민 신청자는 늘어나는 데 비해 난민 인정 수는 오히려 줄고 있지요. 2019년 난민 신청자 1만 375명 중 난민 인정을 받은 사람은 44명이에요. 인도적 이유로 체류 허가를 받은 사람을 포함한다고 해도 81명밖에 되지 않아요.

일본이 난민 수용 기준이 엄격한 이유는 취업을 목적으로 입국하는 외국인이 많다고 생각하기 때문이에요. 난민 신청을 한 외국인은 6개월 후부터 취업할 수 있지만 '난민 사유'에 해당되지 않는 경우에는 취업 허가를 받을 수 없어요. 아베 총리는 국내 여성과 고령자 취업 문제와 출산율을 우선 해결해야 한다며 난민을 직접 수용하기보다 난민 발생 지역에 필요한 지원을 하겠다고 밝혔어요.

일본 외국인 수용 시설에서 사망한 스리랑카 난민

2021년 3월 일본 불법 체류자 수용 시설에 갇혀 있던 스리랑카 난민 위스마 라트나야케가 사망했어요. 2017년 유학생 신분으로 입국한 위스마는 일본어를 배우며 난민 신청을 했지요. 하지만 2019년 1월 비자 갱신을 거부당하면서 출입국 시설에 갇혔어요.

위스마는 시설에 갇혀 있는 동안 건강이 나빠져 몸무게가 20킬로그램이나 빠졌고, 병원 치료조차 제때 받지 못했어요. 시설 관리자들이 침대에서 떨어진 위스마를 3시간이나 방치해 죽게 되었다는 사실이 알려지면서 시민들의 비난이 빗발쳤어요. 수용 시설 관리자 4명을 제대로 처벌하지 않고 경고 조치만 내린 일본 당국에 대해 시민들은 더욱 분노했지요. 위스마 사건 전부터 수십 명의 난민이 수용소에서 제대로 된 치료나 보호를 받지 못하고 죽어 갔어요.

일본 정부는 체류 자격이 없는 외국인을 수용하는 기간을 제한하지 않고 무기한 수용한 것이 사건의 원인이라고 생각했어요. 그래서 일본 정부는 난민 신청을 최대 두 번까지만 할 수 있도록 하고, 세 차례 이상 난민 신청을 한 사람들은 본국으로 돌려보내는 이민법 개정안을 발표했어요. 하지만 일본 시민단체와 국제인권단체들의 반대에 부딪혀 이민법 개정을 미루었어요.

튀르키예 쉴레마니예 모스크

내 이름을 새긴
건축물을 지을 거야!

세상에서 가장 멋진 쉴레마니예 모스크

"할아버지, 잠깐 비켜 주실래요. 잘 안 보인단 말이에요."

나는 쉴레마니예 모스크를 가리는 할아버지를 보고 얼굴을 찡그렸어요. 허름한 옷을 입은 할아버지는 누가 봐도 전쟁 난민처럼 보였어요.

"어이쿠, 이런 미안해서 어쩌나. 모스크를 그리고 있었나 보구나."

고개를 돌려 나를 바라보는 할아버지의 눈빛을 보고 흠칫 놀랐어요. 얼굴이 온통 하얀 수염으로 뒤덮인 할아버지는 인자한 웃음을 지었지만 눈빛만은 대리석이라도 뚫은 듯 강했기 때문이에요.

"할아버지도 쉴레마니예 모스크를 구경하러 오신 거예요?"

"뭐, 썩 마음에 드는 건 아니지만 그럭저럭 잘 지은 것 같구나."

"무슨 말씀이세요? 이렇게 크고 멋진 모스크를 이곳 말고 본 적이 없는걸요. 저희 아빠가 만든 모스크라구요."

나는 화가 나서 그림을 그리던 양피지와 펜을 내던지고 벌떡 일어서며 말했어요.

"너희 아빠가 이 모스크를 만들었다고?"

할아버지가 놀란 표정으로 나를 바라보았어요. 할아버지의 반응에 내 거짓말이 들통 날 것 같아 잠시 망설였어요.

우리 아빠는 그리스에서 튀르키예로 끌려온 예니체리 출신이에요. 기독교인이었던 아빠는 열두 살에 개종하고 이슬람 가정에서 이슬람 전통을 배웠대요. 전쟁터에서 다리를 만드는 일을 하다가 전쟁이 끝나고 나서는 모스크 짓는 일을 하게 되었어요. 메흐메드 2세 때만 해도 예니체리 부대들은 전쟁터에 나가면 목숨을 걸고 맨 앞에서 싸우며 황제를 호위했어요. 수많은 예니체리들은 전쟁터에서 목숨을 잃었지만 그들의 죽음을 슬퍼해 줄 사람이 없었어요. 시간이 흐른 뒤 오스만제국에 정착한 예니체리들이 다양한 분야에서 실력을 인정받게 되자 더 이상 무시하지 못하게 되었지요. 결혼도 하고 높은 자리에 오를 수 있게 되었어요. 우리 아빠처럼요.

"우리 아빠는 훌륭한 건축가거든요. 모스크 안을 보고 싶지 않으세요? 할아버지가 보고 싶으시다면 제가 특별히 보여 드릴 수 있어요."

나는 얼른 말을 돌렸어요. 그러고는 선심 쓰듯 한마디 덧붙였지요.

"그렇다면 네 아빠는 예니체리 출신이겠구나."

"어떻게 아셨어요?"

내가 놀라서 묻자 할아버지가 대답했어요.

"이 모스크를 지을 때 많은 예니체리들이 동원되었지. 참 그러고 보니 네 이름도 모르는구나. 네 이름을 알려 줄래?"

"하산이에요."

나는 튀르키예식 이름을 자랑스레 알려 주었어요.

"하산, 모스크 안을 볼 수 있게 도와주겠니?"

할아버지는 모스크 안을 진짜 보고 싶은 표정이었어요. 의기양양해진 나는 할아버지를 모스크 뒤쪽으로 데려갔어요. 그러고는 벽에 세워진 사다리를 창문 앞으로 끌고 왔어요.

"할아버지, 사다리에 오르시면 모스크 안이 보일 거예요. 튀르키예 타일과 수백 개의 스테인드 글라스로 장식되어 유럽의 궁전처럼 화려하고 아름다워요!"

내가 직접 모스크를 짓기라도 한 것처럼 자랑스럽게 말했어요.

"오, 과연 네 말대로 아주 우아하고 아름다운 모스크구나!"

사다리에 올라선 할아버지가 유리창을 통해 모스크 안을 들여다보며 연신 감탄했지요. 잠시 뒤 할아버지가 천천히 사다리에서 내려왔어요.

"저는 이스탄불에서 쉴레마니예 모스크가 가장 멋지다고 생각해요."

"흠, 나는 미흐리마 모스크가 마음에 들던데…"

할아버지가 내 말을 듣고 고개를 갸웃했어요.

"그곳은 이 모스크보다 작고 보잘것없어요."

나는 고개를 가로저으며 대답했어요.

"건물은 크기도 중요하지만 건물을 지었을 때 주변 풍경과 어떻게 조화를 이루느냐도 중요하단다. 무엇보다 미흐리마 모스크에는 공주와 예니체리 출신 건축가의 아름다운 사랑 이야기가 숨겨져 있거든."

"공주님과 예니체리가 사랑했다는 게 진짜예요?"

할아버지의 말에 나는 귀가 솔깃했어요.

"이야기 속에서는 뭐든 가능하단다. 미흐리마 공주는 낮과 밤의 길이가 같은 춘분에 태어나셨지. 술레이만 1세께서 귀한 딸에게 '달 속에 비친 해'라는 뜻을 가진 미흐리마라는 이름을 지어 주었단다. 미흐리마 공주와 예니체리 출신 건축가는 서로 사랑했지만 왕비님의 반대가 심했어. 전쟁 난민이었던 왕비님은 딸이 자신처럼 전쟁 난민인 예니체리와 결혼하는 걸 받아들일 수 없었던 거야. 딸만큼은 오스만제국의 신분이 높은 사람과 결혼하기를 바라셨지. 그래서 미흐리마 공주는 나이 많은 뤼스템 파샤라는 총리와 결혼할 수밖에 없었단다. 미흐리마 공주가 결혼한 뒤에도 예니체리 출신 건축가는 평생 미흐리마 공주만을 사랑했지. 그래서 미흐리마 공주를 위해 두 개의 모스크를 지어 공주의 이름처럼 춘분이 되면 모스크 사이에 해와 달이 걸리는 풍경을 선물했단다. 실제로 일 년에 딱 한 번 미흐리마 공주가 좋아하는 토프카프 궁전의 언덕에 오르면 해 질 무렵 이 두 개의 모스크 첨탑에 걸려 있는 해와 달을 볼 수 있단다."

"정말요? 꼭 한 번 보고 싶어요."

나는 예니체리 출신 건축가가 어떻게 그런 생각을 해냈는지 정말 대단하다는 생각이 들었어요.

"오늘이 바로 그날이란다."

할아버지는 잠긴 목소리로 대답했어요.

할아버지의 정체

그때 아빠가 나를 발견하고 달려왔어요.

"하산, 너 자꾸 여기 오면 안 된다고 했지?"

"아빠, 할아버지가 모스크 안을 보고 싶다고 해서 보여 드린 것뿐이에요."

아빠는 나를 야단치다 옆에 있는 할아버지를 보고는 화들짝 놀라며 그 자리에 납작 엎드리면서 할아버지에게 잘못을 빌었어요.

"장관님, 죄송합니다. 저희 아들이 큰 무례를 범했습니다. 그 벌은 제가 달게 받을 테니 부디 제 아들의 잘못을 용서해 주십시오."

"아니네. 한 달 전부터 자네 아들을 쭉 지켜봤는데 모스크들을 돌아다니며 여러 각도에서 그림을 그리더군. 하산은 나중에 훌륭한 건축가가 될 걸세."

할아버지는 나를 바라보며 껄껄 웃었어요.

"하산, 이분은 바로 이 모스크를 설계하신 왕실 건축가 시난 어르신이란다. 장관님께 어서 잘못을 빌어라."

나는 아빠의 말에 잔뜩 겁을 집어먹었어요. 얼른 바닥에 엎드려 기어 들어가는 소리로 말했지요.

"자, 장관님, 죄송합니다. 저를 용서해 주세요."

"제 아들을 용서해 주십시오. 이 녀석이 장관님처럼 역사에 길이 남을 건축가가 되고 싶다며 장관님이 설계하신 모스크와 건물들을 그리고 있었어요."

할아버지는 나를 일으켜 세우며 말했어요.

"하산, 내가 설계한 모스크를 그리다가 궁금한 것이 있으면 언제든 해질 무렵 토프카프 궁전 언덕으로 찾아오너라. 난 항상 그곳에 있으니까."

말을 마친 할아버지는 서둘러 미흐리마 모스크로 향했어요.

나는 집으로 돌아가는 길에 아빠에게 물었어요.

"아빠, 장관님의 아들들도 모스크를 짓는 일을 하나요?"

"장관님은 가족이 없어. 평생 혼자 사셨지."

"왜요?"

"우리 예니체리들이 결혼하고 직업을 물려줄 수 있게 된 건 불과 20년밖에 안 됐어. 그렇다고 해도 오스만제국에서 우리는 여전히 전쟁 난민일 뿐이야. 아무도 우리의 이름을 기억해 주지 않아. 시난 장관님도 수백 개의 건축물을 설계했지만 자신의 이름을 딴 건축물은 단 하나도 없어."

"아빠, 전 꼭 제 이름을 새긴 건물을 지을 거예요. 세상 모든 사람들이 내 이름을 기억할 수 있게요."

무슨 일이 있었던 걸까요?

오스만제국(전성기 1453~1566년, 현재 튀르키예 지역)의 콘스탄티노플 정복

오스만제국의 황제인 메흐메드 2세는 1453년 동로마 수도인 콘스탄티노플을 점령했어요. 당시 콘스탄티노플은 유럽과 아시아를 잇는 교통과 무역의 중심지였기 때문에 이곳을 차지하는 나라는 무역의 주도권을 가질 수 있었어요. 메흐메드 2세가 콘스탄티노플을 정복할 수 있었던 까닭은 전쟁 난민 출신으로 이루어진 황실의 호위 부대 예니체리들의 활약이 컸어요.

콘스탄티노플의 성은 한쪽은 깎아지른 절벽이었고 육지 쪽은 무려 8중 구조의 성벽으로 막혀 있었어요. 그래서 오랫동안 여러 나라가 콘스탄티노플을 공격했지만 번번이 실패했지요. 소년병인 예니체리들은 작은 신체를 이용해 바위 틈이나 하수구로 숨어들어 콘스탄티노플 성 안으로 들어갔어요. 예니체리가 먼저 성으로 침투해 성문을 열어놓고 메흐메드 2세를 맞이했지요. 메흐메드 2세는 콘스탄티노플의 이름을 '이스탄불'로 바꾸고 오스만제국의 수도로 삼아 영토를 확장해 나갔어요.

메흐메드 2세는 콘스탄티노플을 점령하며 오스만제국의 전성기를 열었어요. 증손자인 술레이만 1세 때 헝가리와 아프리카 지역까지 영토를 확장하며 최고의 전성기를 맞은 것도 예니체리의 활약 덕분이었지요.

예니체리 부대(1363~1826년)

메흐메드 2세는 자신이 정복한 발칸반도 지역의 기독교 가정 소년들을 끌고 왔어요. 그들을 이슬람 가정에서 키우며 이슬람 언어와 전통을 가르치고, 이슬람교로 개종시켰지요. 그 후에는 '예니체리 훈련 부대'에서 6년 이상 신체 훈련과 무기를 다루는 기술을 가르쳤어요. 잘 훈련된 예니체리들은 가는 곳마다 전쟁을 승리로 이끄는 용맹한 왕실 친위 부대가 되었지요.

그러나 예니체리는 평생 가족들을 볼 수 없었고, 결혼도 할 수 없었어요. 또 자유인의 상징인 턱수염 대신 콧수염만 기를 수 있었어요. 그중 몇몇은 능력을 인정받아 높은 자리에 올랐지만 일생 동안 술탄에게 복종하며 난민 신분으로 살아야 했지요.

16세기 후반부터는 예니체리들도 결혼을 하고 아들에게 직업을 물려주며 오스만제국의 특권층이 될 수 있었어요. 셀림 3세는 예니체리 부대가 나라의 세금을 축낸다고 생각해서 없애려고 하다 예니체리들의 반대에 부딪혀 실패했어요. 마흐무드 2세 때 예니체리 부대가 반란을 일으키자 4,000명을 몰살하고 예니체리 부대를 해산시켰어요.

이슬람 최고의 건축가, 미마르 시난(1489?~1588년)

미마르 시난은 술레이만 1세부터 셀림 2세, 무라트 3세 때까지 활동한 오스만제국의 건축가예요. 그의 이름 앞에 붙은 '미마르'는 건축가라는 뜻이에요. 미마르 시난은 아르메니아 지역의 기독교 가정에서 태어나 24살에 예니체리로 뽑혔어요. 이후 전쟁터에서 군인들의 숙소나 다리를 세우는 일을 하던 중 술레이만 1세에게 실력을 인정받아 지휘관이 되었지요. 50세 때 오스만제국의 건축부 장관

▲ 미흐리마 술탄 모스크(위스퀴다르)

▲ 셀리미예 모스크

이 되어 99세까지 왕궁 건축가로 일하며 80개의 모스크, 39개의 궁전 등 300개가 넘는 건축물을 설계했어요. 그의 건축물 중 쉴레마니예 모스크, 미흐리마 술탄 모스크, 셀리미예 모스크가 가장 아름답고 뛰어나다는 평가를 받고 있지요.

특히 시난이 건축한 미흐리마 술탄 모스크에는 시난과 미흐리마 공주의 슬픈 사랑 이야기가 담겨 있어요. 시난과 미흐리마 공주는 시난이 예니체리 출신이라는 이유로 왕비가 반대하는 바람에 사랑을 이루지 못했지요. 그래서 시난은 미흐리마 술탄 모스크를 세울 때 자신을 상징하는 첨탑과 미흐리마를 상징하는 첨탑을 세웠어요. 미흐리마의 생일인 춘분(밤과 낮의 길이가 같아서 해 질 무렵 해와 달이 동시에 떠 있다)에 해와 달이 동시에 떠서 이 모스크 첨탑 위에 나란히 걸렸다고 해요. 미흐리마 공주와 영원히 함께하고 싶은 시난의 바람이 담긴 건축물이지요.

기독교 난민인 미마르 시난이 지은 쉴레마니예 모스크는 어떤 건축물일까요?

쉴레마니예 모스크(건축 기간 1550~1557년)

쉴레마니예 모스크는 술레이만 1세 때 왕실 건축가로 일했던 미마르 시

▲ 쉴레마니예 모스크

난이 설계한 오스만제국 최고의 이슬람 사원이에요. 튀르키예 이스탄불에 있는 쉴레마니예 모스크는 술레이만 1세가 사랑하는 왕비 록셀라나와 결혼식을 올린 장소로도 유명하지요. 쉴레마니예 모스크는 돔을 받치는 8개의 기둥, 모스크 외곽에 설치하는 첨탑인 4개의 미나렛으로 이루어져 있어요. 미나렛은 사람이 직접 올라가 큰 목소리로 기도 시간을 알리는 장소예요.

　5층 건물의 창문을 서로 엇갈리게 배치해서 들어오는 햇빛까지 계산하여 실내가 훨씬 더 밝아 보이도록 지어졌어요. 5,000명이 들어갈 수 있는 모스크 안은 스테인드 글라스와 튀르키예 타일로 장식되어 화려하고 기품이 있지요. 또 코란을 읽을 수 있게 샹들리에를 낮게 설치했어요. 뿐만 아니라 동쪽으로 난 창을 통해 바닷가에서 불어오는 선선한 바람이 모스크 안으로 들어오고 모스크의 탁한 공기는 밖으로 빠져나가게 설계했어요. 미마르 시난은 시각적 아름다움과 과학적 원리를 동원해 쉴레마니예 모스크를 건축했어요.

　뜰에는 술레이만 1세와 술레이만의 왕비 록셀라나의 묘가 있어요. 모스크 근처에는 건축가 시난의 무덤, 신학교와 병원, 목욕탕과 무료 식당, 마구간까지 갖추고 있어요. 건축가 미마르 시난은 쉴레마니예 모스크를 자신의 '진정한 첫 작품'이라고 평가했어요.

쉴레마니예 모스크는 지금도 남아 있을까요?

튀르키예는 지진이 자주 일어나는 지역이에요. 그러나 쉴레마니예 모스크는 현대 건축가들도 놀랄 정도로 내진 설계가 잘 되어 있어 단 한 번도 지진의 피해를 입지 않았어요. 쉴레마니예 모스크는 화재로 여러 번 피해를 입었지만 1956년 복구되어 원래의 모습을 되찾았어요.

쉴레마니예 모스크는 1985년 튀르키예의 열 번째 세계문화유산으로 등재되었어요. 궁전과 모스크 주변의 신학교, 식당, 목욕탕 등이 주변 주택가와 아름다운 조화를 이루어 오스만 최고의 건축물이라는 평가를 받았기 때문이지요. 2016년 튀르키예 관광청은 '미마르 시난 건축 기행'을 관광 상품으로 만들어 전 세계 관광객을 끌어들이고 있어요. '미마르 시난 건축 기행'은 천재 건축가가 100년 가까이 살면서 세운 건축물을 둘러보고 건축의 발전사를 확인하는 여행이라 관광객들에게 큰 사랑을 받는 여행 상품이 되었어요.

지금 튀르키예는

왜 전쟁 난민들은 튀르키예로 몰려들까요?

튀르키예는 유럽으로 향하는 길목에 있어서 아프리카와 아라비아반도의 난민들이 모여들어요. 이들이 유럽으로 가려면 튀르키예를 거쳐가야

하거든요. 2011년 시리아 내전이 일어나자 튀르키예는 시리아 난민 100만 명을 수용했어요. 시리아 난민들은 튀르키예를 거쳐 유럽으로 갔지요. 이때부터 유럽연합은 대규모 난민 사태를 막기 위해 2016년 튀르키예와 '난민송환협정'을 체결하고 30억 유로(4조 5000억 원)를 지원하기로 했어요. 또 유럽연합은 매년 난민 7만 명을 유럽 각국에 분산해 수용하기로 했어요. 그러나 시리아 내전 이후 360만 명이 튀르키예로 한꺼번에 몰려들자 튀르키예는 더 이상 난민을 수용하지 않겠다고 선언했어요.

튀르키예 난민 캠프는 어떤 환경일까요?

튀르키예 정부는 2016년 유럽연합과 난민 협약을 맺은 뒤 난민 캠프나 난민촌을 가리지 않고 시리아 난민들에게 무상 의료와 교육, 취업 비자 등을 제공한다고 발표했어요. 하지만 현실은 딴판이었어요. 국립병원은 난민들의 치료를 거부했고, 사립병원은 아랍어를 할 수 있는 의료진이 없었기 때문에 시리아 난민이 의료 서비스를 받기란 정말 어려웠어요.

2016년 1월 튀르키예에서 취업 비자를 받은 시리아 난민은 10만 3,000명에 불과해요. 튀르키예에 들어온 난민들은 불법 노동자 취급을 받고 있어요. 그래서 대부분 허드렛일로 겨우 생계를 유지하고, 난민 아동들은 제대로 된 교육조차 받지 못하고 있어요.

미얀마 밍군 파고다

아라칸왕국을 되찾을 거야!

웃지 않는 아빠

"오늘도 다치지 않게 조심하세요."

엄마가 아빠 등에 붙은 티끌을 털어내며 말했어요.

"알았어."

아빠는 무뚝뚝하게 대답하고는 밍군 파고다 공사장으로 향했어요.

7년 전 아라칸왕국이 버마 보다우파야 왕에게 나라를 빼앗겨 밍군으로 끌려온 뒤부터 아빠는 웃지 않아요. 가끔 웃을 때조차 우는 건지 웃는 건지 모를 슬픈 표정이고요.

문득 어젯밤 아빠가 울부짖던 모습이 떠올랐어요.

"마하무니 불상이 완성되었을 때, 지나가던 새도 피해 가고 사원의 나무들도 불상 앞에 절했었지. 마하무니 불상을 빼앗기지만 않았어도 남의 나라 탑 만드는 일을 하고 있지는 않았을 텐데…. 머지않아 나도 친구들처럼 이놈의 불탑을 짓다 돌에 깔려 죽을 거야."

나는 아빠의 말을 곱씹으며 엄마에게 말했어요.

"언젠가 아라칸왕국을 되찾을 날이 올 거예요."

"그런 날이 오기는 할지…."

엄마는 일어나지 않을 일이라고 생각하는 것 같았어요. 그럴 만도 하

지요. 영토 확장에 눈이 먼 보다우파야 왕이 주변 나라를 모두 식민지로 삼았거든요. 이제 버마는 세상에서 가장 힘이 센 나라가 되었어요. 그 어떤 나라도 감히 버마에 맞서 독립하려는 생각조차 하지 못하고 있어요. 하지만 내가 어른이 되면 아라칸왕국을 되찾을 거예요. 부처님도 도와주실 거고요. 그러려면 오늘도 정성을 다해 불탑을 쌓아야 해요.

"엄마, 저 친구들이랑 열심히 불탑 쌓고 올게요."

"불탑은 무슨, 다치지 말고 신나게 놀다오렴."

엄마가 내 앞머리를 쓸어 주며 말했어요.

불탑 쌓기 놀이

나는 옥다마네 집으로 뛰어갔어요. 옥다마는 우리 중 불탑을 가장 높이 쌓는 아이예요. 오늘은 기필코 옥다마보다 불탑을 더 높이 쌓겠다고 마음속으로 다짐했어요.

매일 아침 어른들이 밍군 불탑을 쌓으러 간 사이 우리는 불탑 쌓기 놀이를 하며 아라칸으로 다시 돌아가게 해 달라고 빌고 있어요. 어른들 눈에는 그저 재미 삼아 하는 일처럼 보이겠지만 우린 진짜 간절해요. 아라칸왕국은 수천 개의 불탑이 있는 나라예요. 어릴 때부터 늘 불탑을 쌓는 걸 보면서 자랐지요. 그래서 불탑 쌓는 일은 우리에게 정말 익숙한 일이에요.

"옥다마!"

한참 만에 웃옷을 걸치며 옥다마가 나왔어요. 나는 앞장서서 마을 입구로 성큼성큼 걸어갔어요.

"돌멩이는 한 개씩 번갈아 고르면 돼. 그리고 숫자를 세서 1,000이 될 때 멈추고, 돌멩이를 가장 적게 사용해서 가장 높이 쌓은 사람이 이기는 거다."

심판인 탄민이 말했어요.

"알았어."

옥다마가 팔짱을 끼고 거만한 표정으로 대답했어요. 그동안 나는 옥다마가 탑을 어떻게 쌓는지 유심히 지켜보았어요. 옥다마는 탑을 쌓기 전 돌멩이들을 크기와 모양에 따라 늘어놓았어요. 그걸 보고 나도 돌멩이의 크기와 모양을 비교한 뒤 불탑을 쌓으면 시간이 조금 걸리긴 해도 탑이 무너지지 않고 끝까지 잘 쌓을 수 있다는 걸 알게 되었지요.

"자, 그럼 시작!"

탄민이 외치자 옥다마와 나는 돌을 쌓기 시작했어요. 나도 돌멩이 중 가장 납작하고 큰 돌을 첫돌로 놓았어요. 옥다마와 나는 숨을 고르며 돌을 한 개씩 한 개씩 쌓아 올렸어요. 우리가 불탑을 거의 다 쌓아갈 무렵 아이들이 외치는 소리가 들렸어요.

"998, 999, 1000!"

"둘 다 멈춰!"

탄민이 큰 소리로 말했어요. 그제야 나와 옥다마는 서로의 탑을 쳐다보았어요. 나는 내가 쌓은 탑과 옥다마가 쌓은 탑의 높이를 비교해 봤어요. 옥다마의 탑이 내 탑보다 조금 높았어요. 나는 다시 눈을 비비고 옥다마의 탑을 바라보았지요. 나도 모르게 한숨이 새어 나왔어요. 오늘도 옥다마한테 진 것 같았어요.

그때였어요. 돌멩이 개수를 모두 세고 난 친구들이 동시에 외쳤어요.

"아웅이 이겼어."

"내가 더 높잖아."

옥다마가 소리를 질렀어요.

"그런데 아웅보다 돌멩이를 더 많이 사용했어. 같은 높이일 때 아웅의 돌멩이 개수가 두 개 적어."

"그럴 리가 없어. 다시 세어 봐."

옥다마가 고개를 저으며 말했어요.

친구들은 하는 수 없이 다시 돌멩이의 수를 세었어요. 그러고는 다시 내가 이겼다고 말해 주었어요.

"이야, 내가 이겼다!"

나는 기뻐서 껑충껑충 뛰었어요. 옥다마는 새빨개진 얼굴로 나를 노려보며 콧김을 내뿜었어요.

"두고 봐! 내일은 꼭 내가 이길 거니까. 넌 딱 한 번 이긴 건데 뭐가 그리 신나?"

옥다마가 빈정댔어요.

"너도 지니까 약 오르지?"

"겨우 열흘 만에 한 번 이겨놓고선."

옥다마는 나한테 쏘아붙이고는 집으로 가 버렸어요.

"어쨌든 오늘은 내가 이겼다!"

나는 목청껏 외쳤어요. 옥다마가 심통이 나서 가는 모습이 아주 고소했어요.

"야, 우리 찐(아라칸족 전통 씨름) 할까?"

나는 들뜬 목소리로 탄민에게 물었어요.

"재미없어졌어. 그냥 집에 갈래. 찐은 옥다마랑 해야 재미있는데 옥다마가 가 버렸잖아."

탄민이 심드렁한 표정으로 대답했어요.

"나도 집에 갈래."

"나도."

탄민이 떠나자 다른 친구들도 뿔뿔이 흩어졌어요. 나도 하는 수 없이 집으로 향했지요. 열흘 만에 옥다마를 이겼는데 이렇게 떠나는 친구들이 너무 야속했어요. 기운이 빠져서 그런지 집에 가는 내내 뱃속에서 꼬르륵 소리가 났어요.

나는 집에 가자마자 엄마가 민물장어로 우린 육수로 만든 쌀국수를 엄청 빠르게 삼켰어요.

"좀 천천히 먹어. 체할라."

엄마가 내 이마와 코에 송골송골 맺힌 땀을 닦아 주었어요.

불탑을 무너뜨린 범인

"여보, 나 왔어."

아빠가 일을 마치고 집에 돌아왔어요. 엄마와 나는 아빠에게 달려가 꼭 끌어안았어요. 오늘도 다치지 않고 무사히 돌아온 아빠를 보니 다행이라는 생각이 들었어요.

"아빠, 제가 아주 멋진 걸 보여 드릴게요. 저를 따라오세요."

"피곤한데 지금 꼭 봐야겠냐?"

"아주 중요한 거예요. 아빠가 눈으로 직접 보시면 아마 감동하실걸요."

나는 아빠 손을 끌다시피하며 마을 입구로 갔어요. 낮에 내가 쌓은 탑이 기념비처럼 우뚝 서 있는 모습을 보여 줄 생각이었어요.

그런데 이게 무슨 일이에요. 마을 입구에 당당하게 서 있어야 할 불탑이 와르르 무너져 있는 거예요. 내가 어떻게 쌓은 불탑인데 무너지다니.

"도대체 어떤 놈이야. 내 불탑을 쓰러뜨린 놈이."

"나다."

"네? 아빠가요?"

"그래. 아무리 철이 없어도 이렇게 없을까? 아버지들은 남의 나라 불탑 쌓는 일을 하며 다치고 죽어 가는데, 너희들은 철딱서니 없이 불탑 쌓는 놀이나 하고 있으면 되겠냐?"

"아빠, 우린 불탑을 쌓으며 다시 아라칸으로 돌아가게 해 달라고 부처님께 빌고 있는 거예요. 그러니까 부처님이 언젠가 우릴 도와주실 거예요. 그리고 용맹스러운 아라칸 용사가 되려고, 씨름을 하며 체력도 기르고 있다고요."

"…"

눈시울이 붉어진 아빠는 내 어깨를 말없이 토닥였어요. 그러고는 한참 만에 입을 열었어요.

"아웅, 너희들 덕분에 나라를 되찾는 날이 곧 오겠구나!"

아빠의 말을 듣자 눈물이 났어요. 진짜 아라칸왕국을 되찾을 날이 머지않은 것 같아요.

무슨 일이 있었던 걸까요?
버마 VS 아라칸왕국 전쟁(1784년)

▲ 마하무니 불상

8세기 아라칸 왕조는 고대 불교 경전을 발견했어요. 그 경전에 따르면 불법을 전파하러 온 석가모니의 가르침에 아라칸 왕은 큰 감동을 받았다고 해요. 그래서 석가모니의 가르침을 영원히 간직할 목적으로 석가모니의 모습을 본뜬 마하무니 불상을 세웠지요. 이 마하무니 불상이 아라칸왕국을 보호해 준 덕분에 수백 년 동안 전쟁이 일어나지 않는다는 전설이 퍼졌어요. 그래서인지 주변 국가들은 호시탐탐 마하무니 불상을 탐내기 시작했어요.

1784년 버마* 보다우파야 왕은 아라칸왕국을 정복하고 마하무니 불상을

버마 1989년 나라 이름이 버마에서 미얀마로 바뀌었다.

가져오는 데 성공했어요. 중국 상인들에게 부처님 치아 사리까지 선물받고 나자 자신을 '미래의 미륵불'이라고 생각하게 되었어요.

영국 VS 버마 전쟁(1885년)

1791년 보다우파야 왕은 밍군에 부처님의 사리를 보관할 밍군 파고다를 지으라고 했어요. 하지만 여러 번의 정복 전쟁으로 일꾼들의 품삯을 줄 수 없게 되자 아라칸 난민을 강제로 끌고 와 일을 시켰어요. 고된 노동을 견디다 못한 아라칸 난민들은 인도 아삼 지역으로 도망쳤고, 버마 군대는 그들을 뒤쫓아갔지요. 당시 인도를 지배하던 영국은 이 사건을 빌미로 버마가 전쟁을 벌였어요. 세 번의 전쟁 끝에 1885년 버마는 영국의 식민지가 되고 말았어요.

아라칸 난민들이 지은 밍군 파고다는 어떤 건축물일까요?

밍군 파고다(1790~1797년 중단)

1790년 중국 운남성의 상인들은 보다우파야 왕에게 황제가 보낸 부처님의 사리를 바쳤어요. 사실은 중국 상인들이 버마와의 무역으로 큰 돈을 벌고 싶은 욕심에 한 거짓말이었지요. 거짓말을 눈치 채지 못한 보다우파야 왕은 위대한 왕들만 얻을 수 있는 성물을 갖게 되었다며 크게 기뻐했어요. 1년 뒤 밍군에 부처님 사리를 모실 수 있는 거대한 탑을 쌓으라고 명령했지요. 직접 금과 은으로 만든 첫 벽돌을 쌓으며 밍군 파고다 공사를 지휘했어요.

보다우파야 왕은 아라칸 난민들을 동원했고, 공사비를 충당하려고 백성들에게 지나치게 많은 세금을 걷었어요. 백성들과 승려들의 불만이 점점 커지면서 "파고다가 완공되는 날 보다우파야 왕도 죽을 것"이라는 소문까지 퍼졌어요. 설상가상으로 아라칸 난민들마저 혹독한 노동에 견디다 못

▲ 밍군 파고다

해 반란을 일으켰지요. 그 결과 1797년에 공사가 중단되었어요.

밍군 파고다는 벽돌을 하나하나 쌓아 올리는 방식으로 지어졌어요. 밍군 파고다 앞 도로에는 탑을 지키는 두 마리의 코끼리 조각상을 세웠고 탑 입구에는 사자 조각상을 세웠어요. 파고다 기단(탑의 받침대)에는 악어 모양의 구조물이 있는데, 비가 많이 내리는 우기에 탑 안에서 나오는 물을 빼내기 위한 배수구예요. 계단으로 올라가 탑 안으로 들어가면 동서남북으로 네 개의 불상이 있는 작은 사원이 있어요.

밍군 파고다는 지금도 남아 있을까요?

밍군 파고다는 두 번(1838년, 1956년)의 대지진으로 심하게 훼손되었어요. 그 바람에 밍군 파고다 입구 도로에 서 있던 코끼리 조각상이 파괴되었고, 사자 조각상도 엉덩이 부분만 간신히 남았어요. 탑의 입구와 양쪽 기단 부분도 심하게 갈라져 어른 한 명이 드나들 정도로 틈이 벌어졌어요. 지반이 약한 강변의 모래 위에 거대한 탑을 세웠기 때문에 무게를 이기지 못해 지금도 조금씩 허물어져 가고 있어요. 2013년부터 밍군 파고다 정상으로 올라가는 계단은 붕괴 위험이 있어서 폐쇄했어요. 밍군 파고다를 즐겨 찾는 미얀마의 신혼부부들은 허물어져 가는 탑을 보며 "욕심을 내지 말자"는 교훈을 되새기지요.

135개의 민족으로 이루어진 나라

미얀마는 135개의 민족으로 이루어진 나라예요(버마족 68퍼센트, 샨족 9퍼센트, 카렌족 7퍼센트, 몬족 2퍼센트, 기타 10퍼센트). 미얀마는 다양한 소수민족이 살고 있는 만큼 자신들만의 문화와 종교, 전통을 지키려는 민족들 간의 갈등이 계속되고 있어요.

그중 로힝야족이 가장 심한 차별을 받고 있어요. 영국이 식민지 시절 이슬람을 믿는 로힝야족을 버마 라카인족이 사는 지역으로 이주시켜 농토를 빼앗고 라카인족을 관리하게 했기 때문이에요. 제2차 세계대전이 끝나고 영국이 떠나자 부족 간의 갈등이 더욱 심해졌어요. 식민지의 가슴 아픈 역사가 로힝야족과 버마의 여러 부족 간의 갈등을 부추긴 거예요. 아라칸 왕국의 영광을 되찾으려고 미얀마 정부에 맞서는 라카인족도 심한 차별과 학대를 받고 있어요.

지금 미얀마는
미얀마의 로힝야족

1885년 버마를 식민지로 만든 영국은 인종과 종교 갈등을 부추겨 버마의 독립을 막을 방법을 생각해 냈어요. 바로 인도 무슬림 로힝야족을 라카인족이 살고 있는 곳으로 이주시켜 불교를 믿는 버마인의 농토를 빼앗고

▲ 로힝야족 난민들의 모습

관리하게 하는 것이었지요. 로힝야족이 영국의 앞잡이가 되어 불교도인 자신들의 땅을 관리한다는 사실은 버마 사람들에게는 참기 힘든 모욕이었어요.

제2차 세계대전이 끝난 후 1962년 쿠데타로 버마에 군부 정권이 들어서자 로힝야족에 대한 박해가 본격적으로 시작되었어요. 버마 정부는 로힝야족을 '방글라데시에서 온 불법 이주자'라는 뜻이 담긴 '벵갈리'라고 부르며 차별했어요. 무슬림인 로힝야족에게 불교로 개종하라고 강요하며 땅을 빼앗고 강제 노동을 시켰지요. 로힝야족은 박해를 견디다 못해 태국, 말레이시아, 인도네시아로 탈출하는 보트피플이 되었어요.

2012년에는 라카인족과 로힝야족 사이에 폭력 사태가 일어나자 미얀마군은 로힝야족을 잔혹하게 학살했어요. 이때 수십 만 명이 난민 신세가 되었어요. 유엔은 로힝야족을 '세계에서 가장 박해받는 소수민족'이라고 규정하고 있어요. 현재까지도 로힝야족은 무국적 불법 이주민 신분이 되어 의료, 교육, 취업, 생존의 권리를 보장받지 못하고 있어요.

미얀마 군사 쿠데타

　2021년 2월 1일 미얀마군은 군사 쿠데타*를 일으켰어요. 시민들이 독재를 반대하며 시위를 벌이자 미얀마군은 시민들의 시위를 막기 위해 모든 지역의 인터넷과 4G 서비스를 완전히 차단했어요. 그럼에도 불구하고 시위는 여러 지역으로 퍼졌고, 시민 게릴라군이 경찰서나 군대, 관공서를 공격하거나 노동자들이 군사 독재에 저항하여 파업하는 시민불복종운동을 하며 맞섰어요. 11월까지 미얀마 시민들은 매일 '독재 반대'라는 글자가 쓰인 피켓을 들고 거리에 나가 짧게는 5~10분 동안 구호를 외치며 행진하는 플래시몹 시위를 했어요. 국제 사회에 미얀마의 반독재 운동이 끝나지 않았음을 알리고 시민들의 관심이 식지 않도록 하기 위해서지요. 한국에 거

군사 쿠데타 군대가 강제로 나라의 권력을 빼앗는 일.

주하는 미얀마인들도 주한미얀마대사관 근처에서 미얀마 군부 쿠데타를 반대하는 시위를 벌였어요.

미얀마 축구선수 난민 신청

월드컵 예선전을 치르기 위해 일본에 왔던 미얀마 축구 국가대표팀의 골키퍼 피 리앤 아웅은 일본에 난민 신청을 했어요. 미얀마로 돌아가면 즉시 감옥에 갇히고 생명에 위협을 받을 수 있었기 때문이지요. 피 리앤 아웅이 일본과의 2022년 카타르 월드컵 예선전 경기에서 국가 연주에 맞춰 세 손가락 경례를 하는 모습이 TV로 중계되면서 미얀마 군사 정권의 표적이 되었어요. 세 손가락 경례는 영화 <헝거 게임>에 나온 동작으로 미얀마 군사 정권에 저항한다는 의미예요. 현재 피 리앤 아웅은 일본에서 난민 지위를 인정받았어요. 우리나라도 2021년 3월부터 국내 체류 중인 미얀마인 2만 5천여 명을 인도적 특별 체류자로 인정해 보호하고 있어요.

쿠바 로스 인헤니오스 계곡

더 이상
이렇게 살 수 없어!

달콤한 설탕 맛보기

"짐, 제분소에 가서 설탕 좀 가져오렴. 주인님이 스페인에서 오신 친구 분들이 드실 비스코초(밀가루, 달걀, 설탕을 넣어 두 번 구운 스페인 과자)를 넉넉히 구우라고 하신다."

엄마는 열린 부엌 창문으로 얼굴을 내밀며 말했어요.

마당에서 양동이에 물을 채우고 있던 나는 제분소라는 말에 눈이 커졌어요. 제분소에 가면 사탕수수 압축기를 힘차게 돌리고 있는 푸조 아저씨도 보고, 돌아오는 길에 설탕도 맛볼 수 있거든요. 푸조 아저씨는 아프리카 베냉에서, 우리 가족은 잠비아에서 노예 사냥꾼들에게 잡혀 와 이곳, 쿠바 로스 인헤니오스 사탕수수 농장에서 일하게 되었어요. 낯선 쿠바 땅에서 난민으로 살아가는 처지라 돌아가신 아빠와 푸조 아저씨는 금세 친해져서 둘도 없는 친구가 되었대요.

"짐, 설탕 맛보지 말고 그대로 가져와야 해."

나는 고개를 끄덕이긴 했지만 그럴 생각이 전혀 없었어요. 그 정도는 내 심부름 값이라고 푸조 아저씨가 말했거든요. 나는 푸조 아저씨가 가르쳐 준 노래를 흥얼거리며 설탕 제분소로 향했어요. 막 설탕 제분소 앞에 도착했을 때였어요.

푸조 아저씨가 다쳤어요!

"아, 아아아악, 아악."

제분소 안에서 고통스러운 비명 소리가 들렸어요. 나는 부리나케 설탕 제분소 안으로 뛰어 들어갔어요. 비명을 지른 사람은 푸조 아저씨였어요. 푸조 아저씨의 오른쪽 손목에서 피가 뿜어져 나오고 있었어요. 푸조 아저씨 오른쪽 손이 바로 옆에 떨어져 있었고요. 그 순간 감독관이 푸조 아저씨의 손목을 잘랐다는 걸 알아차렸어요. 사탕수수 압축기를 돌리다 손이 끼었을 때 내버려두면 팔까지 빨려들어가니까요.

"뭐해? 이런 일 처음 겪어? 얼른 청소하고 일 시작해!"

감독관이 놀라서 일을 멈춘 아저씨들에게 사정없이 채찍을 휘둘러댔어요. 그제서야 아저씨들이 너도나도 푸조 아저씨에게 다가갔어요. 아저씨 한 명은 옷소매를 찢어 푸조 아저씨의 손목을 감쌌고, 다른 아저씨는 푸조 아저씨의 잘린 손을 조심스레 품에 안았어요. 곁에서 지켜보던 아저씨가 푸조 아저씨를 업고 숙소로 뛰어갔지요.

나는 설탕을 가지러 간 것도 잊은 채 그 길로 엄마에게 달려갔어요.

"짐, 왜 빈손이야?"

부엌에서 밀가루 반죽을 하고 있던 엄마가 물었어요.

"…"

나는 아무 말도 하지 못하고 온몸을 부들부들 떨기만 했어요. 푸조 아저씨가 피를 너무 많이 흘려서 죽을까 봐 두려웠어요.

"짐, 도대체 무슨 일이야?"

"어, 엄마, 푸조 아저씨 손목이…"

"아저씨 손목이 잘렸어?"

나는 고개를 끄덕였어요. 엄마는 떨고 있는 나를 꼭 안아주었어요.

"우리, 아저씨가 치료 잘 받고 회복되기를 기도하자."

아저씨가 피를 너무 많이 흘려서 죽기라도 하면 어쩌나 겁이 덜컥 났어요. 전염병으로 돌아가신 아빠에 이어 아저씨마저 잃고 싶지 않았어요. 나는 아저씨를 살려 달라고 간절히 기도했어요.

우리를 감시하는 이스나가 탑에서 외쳤어요

기도를 마치자마자 나는 엄마 품에서 빠져나와 마구 내달렸어요. 뛰다 보니 이스나가 탑 앞이었어요. 몇 달 전 주인님은 사탕수수 농장에서 일하는 아저씨들을 감시하는 탑을 아저씨들 손으로 직접 세우게 했지요.

감시탑을 올려다보다 순간 푸조 아저씨를 도울 방법이 떠올랐어요. 아저씨들이 그토록 싫어하는 감시탑이지만 오늘만큼은 푸조 아저씨가 당한 일을 알릴 수 있는 장소라는 생각이 들었어요. 나는 가파른 나무 계단을 단숨에 뛰어 올라갔어요.

"짐, 무슨 일이야?"

7층 꼭대기에 앉아 있던 제임스 아저씨의 눈이 휘둥그레졌어요. 나는 대답할 겨를도 없이 줄을 당겨 종을 쳤어요.

"짐, 왜 그래?"

제임스 아저씨가 내 손에서 줄을 빼앗으며 물었어요.

"손목이, 푸조 아저씨 손목이 잘렸어요."

나는 숨을 헐떡거리며 대답했어요.

"뭐, 푸조의 손목이 잘렸다고?"

제임스 아저씨의 얼굴이 일그러졌어요.

"농장에서 일하는 아저씨들에게 알려야 해요."

제임스 아저씨와 나는 줄을 힘껏 잡아당겼어요. 종소리가 연달아 울리자 아저씨들이 일손을 멈추고 어리둥절한 표정으로 감시탑을 올려다보았어요. 지금까지 오전 11시에 종이 울린 적이 단 한 번도 없었으니까요. 하루에 두 번 일하는 시간과 끝나는 시간을 알릴 때만 종을 쳤거든요.

"푸조 아저씨를 도와주세요."

나는 목청껏 소리쳤어요.

"푸조의 손목이 잘렸습니다."

제임스 아저씨는 나보다 더 큰 소리로 외쳤어요. 그 소리를 듣고 감시탑과 가까운 곳에서 일하던 아저씨들이 연장을 들고 달려왔어요. 감독

관들은 몹시 당황한 듯 멈추라고 소리쳤지만 소용없었어요.

이런 대접을 받으며 살 수는 없소!

"이제 도저히 참을 수 없어요. 우리가 나서서 막아야 합니다."
제임스 아저씨가 감시탑 앞에 모여든 아저씨들에게 말했어요.
"자네, 미쳤나. 노예를 감독해야 하는 사람이 노예들을 부추겨 반란이라도 일으킬 셈인가?"
뒤쫓아 온 감독관이 제임스 아저씨를 꾸짖었어요.

"우리가 아무리 노예로 끌려왔다지만 이런 대접을 받으며 살 수는 없소."

"맞소."

일꾼들 중에서 절반이 넘는 해방 노예 아저씨들이 우리 편을 들어주자 감독관은 아무 말도 못했어요.

"갑시다! 푸조의 팔을 잘랐다는 그놈한테 가서 말해 줍시다. 다시는 그런 짓을 하지 말라고!"

제임스 아저씨가 앞장섰어요. 우리 뒤로 백 명이 넘는 아저씨들이 뒤따랐어요.

"야, 뭘 그리 꾸물대."

설탕 제분소에 들어서서 보니 감독관은 여전히 채찍을 휘두르고 있었어요.

"그만 하세요!"

나는 울부짖으며 감독관에게 달려들었어요. 감독관은 잠깐 멈칫하더니 나를 때리려고 주먹을 들어올렸어요. 그때 제임스 아저씨가 감독관의 팔을 잡았어요.

"우리가 채찍으로 때릴 만큼 말귀를 못 알아듣는 것 같소. 더 이상 이런 짓은 하지 마시오."

제임스 아저씨 말에 감독관은 움찔했어요.

"알다시피 우리 중 절반은 언제든 여길 떠날 수 있는 해방 노예요. 우리가 없으면 설탕 제분소는 문을 닫아야 한다는 것쯤은 잘 알고 있겠지. 안 그렇소?"

"…"

"당신 한 번만 더 그러면 가만두지 않을 거요."

해방 노예 아저씨들이 한마디씩 하자 감독관은 비굴한 표정으로 대답했어요.

"아, 알, 알겠소."

제임스 아저씨가 감독관의 다짐을 받아내고 주인집으로 향했어요. 우리도 제임스 아저씨를 뒤따랐지요.

집 안에서는 사람들 웃음소리와 음악 소리가 흘러 나왔어요. 제임스 아저씨는 주먹으로 현관문을 쾅쾅 두드렸어요. 얼마 뒤 문이 열리더니 주인님이 나왔어요. 주인님은 우리를 보고 놀라 외쳤어요.

"무슨 일이지? 지금 일하는 시간이잖아!"

"오늘 푸조 아저씨 손목이 잘렸어요. 더 이상 이런 일이 일어나서는 안 돼요."

"맞소. 우리의 안전을 약속해 주시오. 우리가 소리치면 곧바로 기계를 멈추겠다고 약속해 주시오. 약속이 지켜지지 않는다면 다른 농장에서 일하는 해방 노예들에게도 이 사실을 알려서 가만 있지 않을 거요."

해방 노예 아저씨의 말에 주인님은 떨리는 목소리로 대답했어요.

"약속하지. 그러니 오늘은 그만 숙소로 돌아가서 쉬시오."

"푸조 아저씨 팔을 빨리 치료해 주세요. 죽을지도 모른다고요."

나는 울먹이며 부탁했어요.

"스톤타운에 있는 의사를 부르마."

주인님이 아저씨들의 눈치를 보며 대답했어요.

무슨 일이 있었던 걸까요?
스페인의 삼각 무역(16~19세기)

1492년 콜럼버스가 아메리카 대륙을 발견한 이후 스페인은 카리브해를 식민지로 만들었어요. 스페인은 카리브해가 사탕수수를 재배하기에 적합하다는 사실을 확인하고 기후가 비슷한 쿠바에 대규모 사탕수수 농장을 만들었어요. 당시 설탕은 값비싼 향신료여서 큰돈을 벌 수 있었기 때문이지요. 하지만 사탕수수를 재배하고 설탕을 만드느라 쿠바 원주민들의 95퍼센트가 전염병에 시달리고 죽는 일이 벌어졌어요. 스페인은 궁리 끝에 쿠바 원주민 대신 아프리카 원주민을 납치해 노예로 부릴 생각을 했지요. 이때부터 스페인은 아프리카 부족들에게 무기와 럼주*를 주고, 아프리카 원주민들을 끌고 가 사탕수수로 설탕을 만들게 했어요. 그렇게 만든 설탕을 유럽으로 가져가 파는 삼각무역을 시작했어요.

악마의 창조물, 설탕(15~19세기)

유럽 사람들이 설탕을 처음 맛보게 된 건 기원전 327년 알렉산드로스의 동방 원정 때였어요. 알렉산드로스의 군대는 "인도에서 자라는 갈대는 벌

럼주 사탕수수즙으로 설탕을 만들고 남은 찌꺼기를 발효시켜 만든 술.

의 도움 없이도 꿀을 만들어 낸다. 인도인들은 그 즙으로 음료수를 만든다"고 말했어요. 11~12세기 십자군 전쟁 때 유럽 전 지역으로 전파되었고, 13세기에는 지중해 섬에서, 15세기에는 서아프리카 해안에서 사탕수수를 재배했지요.

당시 유럽에서 설탕은 왕실이나 귀족들이나 먹을 수 있는 값비싼 식품이었어요. 유럽 사람들은 설탕을 만병 통치약이나 고기와 생선, 채소의 맛을 더하는 향신료로 사용했어요. 가톨릭 기념일에는 설탕을 끓인 후 굳혀서 동물이나 건물 모양의 음식을 만들었고요.

16세기 카리브해를 정복한 스페인이 식민지 곳곳에서 사탕수수를 재배해 설탕을 만들기 시작했어요. 설탕 산업이 성장하면서 스페인은 막대한

▲ 잘린 사탕수수 줄기

돈을 벌었어요. 설탕이 유럽에서 인기를 끌수록 아프리카 난민들을 거래하는 노예무역도 기승을 부렸어요. 그래서 설탕에 '악마의 창조물'이라는 별명이 붙었지요.

항해 도중 죽어 간 아프리카 난민들
노예 상인들은 아프리카 난민들의 손목과 발목에 쇠사슬을 채우고 눕혀서 층층으로 쌓았어요. 죽지 않을 만큼의 음식과 물만 주었고, 대소변도 누워 있는 장소에서 묶여 있는 상태로 보게 했어요. 항해 중에 아프리카 난민이 죽거나 병들면 바다에 던져 버렸지요. 16~19세기까지 150만 명의 아프리카 난민들이 노예선에서 숨졌어요.

사탕수수 농장의 아프리카 난민들
쿠바에 도착한 아프리카 난민들은 채찍을 맞으며 새벽 3시부터 하루 17시간 동안 혹독한 노동에 시달렸어요. 사탕수수를 으깨는 기계에 팔이 끼여 한쪽 손목이 잘리는 일도 흔하게 벌어졌어요. 또 대부분의 난민들이 덥고 습한 날씨에 적응하지 못하고 풍토병에 걸려 3년 내에 죽었지요. 하지만 농장 주인들은 눈 하나 깜짝하지 않았어요. 언제든 아프리카에서 끌고 오면 된다고 생각했으니까요.

아프리카 난민들이 일했던 트리니다드와 로스 인헤니오스 계곡은 어떤 곳일까요?

유네스코 세계문화유산이 된 트리니다드와 로스 인헤니오스 계곡

트리니다드는 1514년 스페인이 남아메리카 대륙을 정복하기 위해 세운 거점 도시이자 유럽으로 설탕을 실어나르던 항구 도시였어요. 로스 인헤니오스 계곡의 사탕수수 농장에서 만들어진 설탕이 트리니다드를 통해 스페인으로 실려갔지요.

설탕 산업의 전성기인 17~18세기 때 로스 인헤니오스 계곡에는 50개 이상의 사탕수수 농장이 있었고, 3만 명이 넘는 아프리카 난민들이 일할 정도로 규모가 컸어요. 하지만 19세기 중반 아프리카 난민의 반란으로 농장 주인들이 떠나면서 텅 빈 도시가 되어 버렸지요.

1988년 트리니다드와 로스 인헤니오스 계곡은 유네스코 세계문화유산으로 등재되었어요. 트리니다드는 식민 시대의 역사와 문화를 보여 주는 도시로, 로스 인헤니오스 계곡은 설탕 산업의 발전 과정을 보존하고 있다는 평가를 받았기 때문이지요.

현재 트리니다드는 세계적인 관광 도시가 되었어요. 인구가 7만 명밖에 안 되는 작은 도시이지만 해마다 이 인구의 열 배가 넘는 50만 명 이상의 관광객이 찾아오고 있어요. 알록달록한 주택과 고풍스러운 수도원과 성당

이 있는 시내와 아름다운 해변이 조화를 이루어 사진작가들이 가장 사랑하는 도시로 손꼽히고 있는 곳이에요.

로스 인헤니오스 계곡의 사탕수수 농장은 두 번의 독립전쟁과 쿠바혁명으로 대부분 사라졌어요. 유일하게 남아 있는 곳이 페드로 이스나가 저택이에요. 이 저택에는 사탕수수 농장에서 노예들이 일하는 모습, 작업 중 갈증을 달래기 위해 사탕수수 줄기를 베어 먹는 모습, 자신들을 감시하는 감시탑을 건설하고 있는 노예들을 그린 그림이 전시되어 있어요. 저택 뒤에 사탕수수를 압착해서 액체로 만들던 방앗간이 있고, 사탕수수 농장 입구에는 노예를 감시하던 탑이 있어요.

▲ 트리니다드와 로스 인헤니오스 계곡 전경(2008년)

아프리카 난민이 지은 마나카-이스나가 탑

1795년 노예 상인이었던 페드로 이스나가는 로스 인헤니오스 계곡에 있는 사탕수수 농장을 사들였어요. 그리고 1816년 사탕수수 농장에서 일하는 아프리카 난민들을 감시할 탑을 세우게 했지요. 사탕수수 농장에서 일하는 아프리카 난민이 게으름을 피우거나 도망치는 것을 감시하기 위해서였어요.

마나카-이스나가 탑은 45미터 높이에 7층으로 이루어졌어요. 좁고 가파른 나무 사다리를 타고 꼭대기에 오르면 사탕수수 농장을 한눈에 볼 수 있어요. 하루에 두 번 종을 울려 일하는 시간과 끝마치는 시간을 알려 주었지요. 아프리카 난민들은 자신들의 손으로 세운 탑에서 감시를 당하며 사탕수수 농장에서 일했어요.

지금 쿠바는
미국으로 몰려드는 쿠바 난민들

▲ 피델 카스트로

　1959년 피델 카스트로와 체 게바라가 정권을 장악하여 쿠바는 사회주의 국가가 되었어요. 피델 카스트로는 정권에 불만을 가진 사람들이 늘어나자 반체제 인사들을 정리하고, 미국에 '난민'을 떠넘기려는 계획을 세웠어요. 1980년 사람들에게 '미국으로 떠날 사람은 모두 떠나라'며 항구를 열었지요. 이때 쿠바 사람 12만 5,000명이 한꺼번에 플로리다로 건너갔어요. 난민을 정치적 무기로 이용한 정책이었어요.

　쿠바의 수도 아바나에서 미국 플로리다는 보트로 3시간이면 갈 수 있을 정도로 거리가 가까워요. 미국은 플로리다에 한꺼번에 몰려든 쿠바 난민들 때문에 고민에 빠졌어요. 2015년까지 200만 명 가까이 미국에 둥지를 틀었어요. 마이애미에는 쿠바 난민 정착촌 '리틀 아바나(Little Havana)'가 생겼고 대통령 후보를 둘씩이나 낼 만큼 영향력도 커졌지요.

　미국은 2014년까지 비자 없이 자국에 불법 입국한 쿠바인에게 난민 지위를 주고, 미국 체류 1년 뒤에는 영주권을 주었어요. 그러나 난민들이 점점 더 몰려들자 바다 위에서 발견된 쿠바인은 쿠바나 다른 나라로 보내기로 결정했어요. 마른 발, 즉 미국 땅을 디디면 거주 권리를 제공했지만, 젖은 발, 즉 바다에서 잡히는 경우 쿠바로 돌려보낸다는 의미예요. 이 정책에도 불구하고 바다를 통해 미국으로 불법 입국하려는 쿠바인의 수는 줄지 않았어요.

쿠바 반정부 시위

2021년 7월 쿠바 전국에서 "먹을 것을 달라!", "자유를 달라!"라고 외치며 수천 명이 시위를 벌였어요. 쿠바 정부가 화폐를 통합하면서 물가가 엄청나게 올랐기 때문이지요. 식료품을 사재기하는 사람들이 늘어난데다 코로나19를 치료하는 의약품마저 부족해지자 시민들이 시위에 나선 것이지요. 공산주의 국가인 쿠바는 식량을 배급제로 돌렸지만 시민들의 불만을 잠재우지는 못했어요.

쿠바 정부는 시위를 진압하기 위해 SNS를 차단하고 7월 11일 시위에서 시민 800명을 체포했어요. 체포된 시민들은 즉시 재판에 넘겨져 공공질서 파괴, 방역 규정 위반 등의 혐의로 감옥에 갇혔지요. 시위대 중 249명은 풀려났지만, 대부분 아직까지 감옥에 갇혀 있는 상태예요.

려시아 파베르제 부활절 보석 달걀

우리는
위그노 후손이야!

난 우주에 대해 공부하고 싶어요

"보리스, 얼른 먹고 공방에 갈 채비를 하거라."

블리니*를 한 입 베어 물던 아빠가 말했어요.

"오늘 선생님이 과학 수업을 하신다고 했는데요?"

나는 수프를 뜨던 숟가락을 내려놓으며 말했어요. 어제만 해도 오늘은 쉬어도 된다고 말하던 아빠가 약속을 지키지 않는 게 속상했어요. 오늘 막심 선생님이 우주에 대해 알려 준다고 해서 잔뜩 기대하고 있었거든요.

"여보, 보리스는 고작 열세 살이에요. 지금은 배우고 싶은 공부를 하고, 보석 세공은 어른이 된 다음에 배워도 늦지 않아요. 당신도 8년 동안 해외 박물관과 미술관을 돌며 견문을 넓히고, 스물여섯 살부터 보석 세공을 배웠잖아요."

엄마가 내 편을 들어주었어요.

"여보, 우리가 위그노 후손이라는 사실 잊었어? 아버지께서 보석 세공을 배우시고 러시아에 정착하지 못했다면 우리는 아직도 유럽 곳곳을 떠

블리니 설탕과 효모를 발효시킨 뒤 메밀가루와 밀가루, 버터, 우유, 달걀을 넣고 반죽해 동그랗게 부친 러시아식 팬케이크로 훈제연어, 캐비어, 꿀, 치즈를 곁들여 먹는다.

돌아 다니고 있을 거요. 우린 러시아 사람들과 달라. 난민이기 때문에 러시아 사람들보다 솜씨가 뛰어나지 않으면 살아남을 수 없다고. 3년 전 러시아 보석 박람회에서 우리가 금메달을 따지 않았다면 황제 폐하가 부활절 달걀을 우리에게 주문했겠어?"

아버지는 단호하게 말했어요. 요즘 아빠는 부활절 달걀 얘기만 해요. 하도 많이 들어서 색색으로 꾸며진 부활절 달걀이 내 머릿속을 둥둥 떠다니는 것만 같아요.

"그렇죠. 당신 말이 맞긴 해요."

엄마는 아빠 말에 더 이상 반박하지 못했어요.

"더구나 황제 폐하께서 주문하신 부활절 달걀은 특별하니까 보리스도 알아야지. 앞으로 내 뒤를 이어 보리스가 황제 폐하께 바치는 부활절 보석 달걀을 만들어야 할 테니까."

아빠는 기대에 찬 눈빛으로 나를 바라보았어요. 한 달 전 황제 폐하께서 아빠에게 부활절 달걀을 만들라고 명령하셨어요. 그 뒤로 하루도 빠짐없이 아빠는 나를 공방에 데려가 기초부터 가르치기 시작했어요. 오랫동안 한자리에 앉아 몸을 숙이고 보석 세공을 배우는 일은 따분하기 짝이 없었어요. 오늘도 답답한 공방에서 보석 세공을 배울 생각을 하니 나도 모르게 입이 삐죽 나왔어요. 하지만 버텨 봐야 소용없다는 걸 알아요.

"가 볼까?"

아빠는 내 외투 단추를 채워 주며 말했어요. 우리는 빠른 걸음으로 공방으로 향했지요. 3월에 들어섰지만 아직 바람이 차가웠어요. 아빠와 나는 외투 깃을 세웠어요.

올해는 마르세이 가문에게 가장 특별한 해가 될 거란다

"보리스, 우리 마르세이 가문에게는 올해가 아주 특별한 해란다."

아빠가 감격에 찬 목소리로 말했어요.

"황제 폐하께서 왕비님께 선물할 부활절 보석 달걀을 주문하셔서요?"

"올해가 우리 조상들이 개신교*를 믿는 위그노*라는 이유로 박해를 받아 프랑스를 떠난 지 200년이 되는 해란다. 독일과 러시아를 떠돌며 난민으로 지내다 황제 폐하가 직접 주문하는 보석 공방으로 인정받게 되었

개신교 16세기 가톨릭교의 면죄부 판매 문제를 지적하며 마르틴 루터가 시작한 종교 개혁으로 생겨난 기독교.
위그노 16~17세기 프랑스 개신교도들을 가리키는 말로 상공업 계층이 많았다. 모든 직업이 하나님께서 허락하신 거룩한 일이라는 교리를 믿는 사람들이다.

으니 뜻깊은 해가 아니겠냐? 고조할아버지가 살아계셨다면 우리를 무척 자랑스러워하실 게다. 너도 오늘을 똑똑히 기억해야 한다."

"네."

"이게 다 할아버지의 가르침 덕분이란다. 할아버지는 러시아에서 위그노 난민이 인정받을 수 있는 길은 남다른 실력을 기르는 것밖에 없다고 늘 말씀하셨어."

아빠는 늘 내가 위그노 난민의 후손이라는 걸 자랑스럽게 여기라고 했지요. 프랑스는 100년 전만 해도 유럽 문화를 만들어 가는 나라였대요. 그게 다 위그노들 덕분이라고 했어요. 위그노를 박해하지 않았다면 프랑스는 더 강한 나라가 되었을 거래요. 그러고 보니 러시아 황실은 프랑스 황실 문화의 영향을 많이 받고 있어요. 러시아 귀족들은 프랑스어로 말하기를 좋아하고, 프랑스에서 유행하는 옷을 입어야 멋쟁이라고 인정을 받거든요.

그래도 난 보석 세공보다 우주에 관심이 더 많아요. 왜 나까지 할아버지와 아빠를 이어 보석 공방을 물려받아야 하는지 잘 모르겠어요. 그냥 내가 좋아하는 공부를 하고 싶어요.

"아빠, 아빠는 처음부터 보석 세공이 하고 싶었어요?"

"응. 너도 시간이 갈수록 더 좋아하게 될 거다. 정교하고 화려한 보석을 세공하는 일은 아주 특별한 작업이야. 매번 똑같은 디자인을 하는 게 아니고 끊임없이 새로운 아름다움을 찾아내는 일이니까 지겹지 않거든."

이뻬는 자부심 넘치는 표정으로 말했어요.

보리스, 부활절 달걀 디자인을 생각해 내다

"보리스, 어서 오너라. 집에 있자니 온몸이 근질근질하지. 너도 우리처럼 보석 장인의 피를 물려받은 게 틀림없어."

브누아 삼촌이 나를 반겼어요. 브누아 삼촌은 눈치라곤 전혀 없어요. 마지못해 끌려온 내 표정을 알아차리지 못한 것 같았어요. 이제 집에도 공방에도 내 편은 없어요. 오늘도 꼼짝없이 보석 세공만 배우게 생겼어요. 하루종일 지루하고 답답한 시간을 어떻게 버틸지 생각만 해도 가슴이 턱턱 막혔어요.

"미하일, 부활절 달걀 스케치를 가져와 보게."

공방에 들어서자마자 아빠는 수석 장인인 미하일 아저씨를 불렀어요. 미하일 아저씨는 서랍에 넣어둔 종이 네 장을 차례로 탁자에 올려놓았어요. 종이에는 하얀 달걀 껍데기, 달걀 노른자, 노란 암탉, 보석이 촘촘히 박힌 왕관과 루비 목걸이가 그려져 있었어요.

"바로 네가 본 그림 순서대로 황제 폐하와 왕비님께서 부활절 달걀을 열어 보실 거야."

아빠는 금고에서 꺼낸 화려한 상자를 열었어요. 상자 속에는 어른 주먹만 한 하얀 달걀이 들어 있었어요. 나는 아빠가 가르쳐 준 대로 달걀 노른자를 열었어요. 그다음엔 암탉을 열었고요. 보석이 촘촘히 박힌 작은 왕관과 루비 목걸이를 보고는 나도 모르게 감탄사가 터져 나왔어요.

"황제 폐하께서 결혼 20주년 기념으로 왕관을 씌워 드리고 루비 목걸이를 왕비님께 걸어 드린다면 특별한 선물이 되겠지?"

"와, 진짜 멋져요!"

나는 이처럼 기발한 아이디어를 생각해 낸 아빠가 천재라는 생각이 들었어요.

"이 아이디어는 우리 공방의 수석 장인인 미하일과 함께 머리를 맞대고 고민한 끝에 나온 거란다. 매년 왕비님이 놀라고 감탄하실 만한 부활절 달걀을 만드는 게 목표지. 프랑스의 위그노 후손답게 말이야."

아빠의 말을 듣다가 나도 만들고 싶은 부활절 달걀이 떠올랐어요.

"오렌지, 데이지, 팬지, 백합, 옥수수꽃, 나팔꽃, 귀리 꽃다발이 담긴 달걀 모양의 바구니는 어때요? 꽃들은 색색의 도자기로 빚고 바구니는

하얀 에나멜에 금박을 둘러 그 위에 다이아몬드를 장식하는 거예요. 바구니 손잡이도 똑같은 방법으로 만들고요."

나는 머릿속에 떠오른 부활절 달걀을 최대한 말로 설명하려고 애썼어요.

"보리스, 대단한데!"

브누아 삼촌이 손뼉을 쳤어요.

"스케치를 한번 해보렴. 실제로 만들 때 어려운 문제는 공방 어른들이 너에게 알려 줄 거다. 보리스, 지금처럼 그렇게 머릿속에 떠오른 것을 그대로 재현해 내려는 노력을 하다 보면 실력이 점점 쌓일 거야."

아빠가 내 등을 두드려 주었어요. 삼촌, 장인들도 미소를 지으며 나를 지그시 내려다보았어요.

무슨 일이 있었던 걸까요?
프랑스의 위그노 전쟁(1562~1598년)

제1차 십자군 전쟁(1096~1099년) 당시 교황은 군인들의 사기를 높이기 위해 모든 죄를 사면한다는 것을 증명하는 면죄부를 주겠다고 약속했어요. 십자군 전쟁이 끝난 후에도 성 베드로 성당 건축에 필요한 돈을 채우기 위해 면죄부를 판매했지요. 독일의 종교 개혁가 마르틴 루터(1517년)는 면죄부 판매에 항의하며 성경을 바르게 해석하고, 성경을 기준으로 개인의 삶과 세상을 변화시키자고 주장했어요.

프랑스에서는 장 칼뱅이 종교개혁운동에 앞장섰지요. 칼뱅은 하나님의

▲ 프랑수아 뒤부아의 〈성 바르톨로메오 축일의 학살〉

은혜로 구원을 받으며, 어떤 직업이든 거룩하고 자기 직업에 최선을 다하는 것이 하나님께 영광을 돌리는 일이라고 주장했어요. 칼뱅의 종교개혁운동으로 개신교인들이 늘어났는데 이들을 '위그노'라고 불렀어요.

▲ 칼뱅

프랑스의 국교가 가톨릭이었기 때문에 위그노들은 탄압을 받을 수밖에 없었어요. 1562년 가톨릭교도들이 바시 지역에서 예배 중이던 위그노들을 습격하여 74명이 죽고, 100명이 다쳤어요. 성 바르톨로메오 축일(1572년)에는 두 달간 7만 명이나 학살당했고요. 이후 위그노교도였던 앙리 4세가 갈등을 해결하기 위해 가톨릭으로 개종하고 위그노의 종교의 자유와 시민의 권리를 인정하는 낭트 칙령을 발표했지요. 그러나 루이 14세(1685년)는 교황청의 지지를 얻으려고 위그노들을 탄압하는 퐁텐플로 칙령을 선언했어요. 퐁텐블로 칙령은 가톨릭으로 개종하지 않으면 재산과 일자리를 빼앗겠다는 내용이었어요. 신앙의 자유를 선택한 20만~40만 명의 위그노들은 유럽 각국으로 흩어졌어요.

황금알을 낳는 거위, 위그노를 환영한 나라들

위그노들이 종교의 자유를 찾아 떠나면서 프랑스 인구가 크게 줄었고, 뛰어난 인재들을 잃어 경제적 피해도 컸어요. 위그노들은 수학자, 천문학자, 역사학자 등 지식인뿐만 아니라 실크, 시계, 보석공예, 종이 등 상공업 분야에서 일하는 사람들이 많았거든요. 지식과 기술을 지닌 상공업자들이 떠나자 프랑스 경제가 크게 흔들렸어요.

반면 유럽의 여러 나라들은 위그노 난민을 받아들이며 눈부신 성장을 이루었어요. 영국은 특별 이민법을 만들어 섬유 직공, 시계공, 기계공, 가구 장인들을 받아들였어요. 영국의 위그노들은 증기기관 기술과 면방직 기술, 은행업으로 산업혁명의 주역이 되었어요. 네덜란드의 위그노들은 해양술과 무역업을 발전시켰고요. 스위스에 정착한 위그노들은 세계 최고의 시계와 은행업이 발달하는 데 기여했지요. 독일도 시민권과 일자리, 정착에 필요한 돈을 주며 위그노들을 받아들였어요. 독일의 위그노들은 철강업 분야에서 활약하면서 경제를 성장시키는 데 이바지했어요.

부활절 달걀은 어떤 의미를 담고 있을까요?

부활절은 가톨릭교와 기독교가 십자가에 못 박혀 죽은 예수 그리스도가 다시 살아난 사건을 기념하는 날이에요. 해마다 부활절이 되면 기독교인들은 예쁘게 포장한 달걀을 주고받으며 부활의 기쁨을 나누지요. 달걀은 돌무덤을 열고 다시 살아난 그리스도를 상징해요. 병아리가 껍데기를 깨고 나오듯, 예수 그리스도를 만난 사람은 구원을 받아 새롭게 거듭난다는 의미를 담고 있지요.

부활절 달걀은 십자군 전쟁 때 전쟁에 나간 남편을 기다리던 여인들이 마을 사람들이 자신에게 베풀어 준 친절에 감사하는 마음을 담아 달걀에 색을 칠하고 가훈을 적어 나누어 준 데서 유래했다는 주장이 있어요. 또 부활절의 영어식 표현인 이스터(Easter)는 봄의 여신인 에오스트레(Eostre)에서 온 것인데, 유럽 지역에서 달걀을 주며 에오스트레 여신을 기리던 풍습이 기독교와 만나 생겨났다고도 해요.

위그노 난민 후손이 만든 파베르제의 부활절 달걀은 어떤 문화유산일까요?
파베르제의 부활절 달걀(1885~1917년)

 러시아 황제 알렉산드르 3세는 결혼 20주년을 맞아 부활절 달걀을 좋아하는 덴마크 출신 왕비를 위해 보석 달걀을 선물하기로 마음먹었어요. 황제는 위그노 난민 후손 파베르제에게 보석 달걀을 주문했지요. 그러나 파베르제는 덴마크식 대신 러시아의 마트료시카 인형을 만드는 방식으로 부활절 달걀을 만들었어요. 10센티미터 크기의 하얀 에나멜로 만든 달걀

▲ 1885년 부활절에 알렉산드르 3세가 아내 마리야 표도로브나에게 선물한 부활절 달걀
(상트페테르부르크 파베르제박물관 소장)

껍데기 안에 황금으로 만든 달걀 노른자, 그 안에 황금 암탉, 암탉 안에 작은 왕관과 루비 목걸이를 넣었어요. 이 선물을 받은 왕비는 크게 기뻐하며 파베르제를 '비교할 수 없는 천재'라고 칭찬했지요. 이후 30년 동안 황제가 부활절 달걀을 왕비에게 선물하는 전통이 이어졌어요.

1887년 황제는 부활절 달걀 하나하나가 놀랄 만한 아름다움을 갖추고 있다면 파베르제 마음대로 디자인해도 된다고 허락해 주었어요. 이후 매년 어떤 디자인의 부활절 달걀이 만들어질지 황제조차 알 수 없었어요. 이 때부터 파베르제 부활절 달걀은 갈수록 정교하고 화려한 디자인으로 발전했어요. 다양한 색의 에나멜로 달걀 껍데기를 만들고, 다이아몬드, 루비, 사파이어, 라피스라줄리 등 귀한 보석으로 장식했지요. 달걀 껍데기 안에는 동물 조각상이나 황실 가족의 초상화나 사진, 러시아 횡단 열차, 자동차 같은 장식품을 넣기도 했어요.

파베르제의 부활절 달걀은 지금도 남아 있을까요?

파베르제가 러시아 황실을 위해 만든 부활절 달걀은 50개인데 현재는 42개만 남아 있어요. 파베르제는 러시아 혁명이 일어나자 스위스로 망명했고 더 이상 부활절 달걀을 만들지 않았어요. 이후 러시아 황실에 있던 파베르제의 부활절 달걀은 러시아 정부가 자금을 마련하기 위해 다른 나라에 팔면서 전 세계로 흩어졌어요. 현재 러시아 크렘린궁에 10개, 상트페테르부르크 파베르제박물관에 9개, 포브스 가문에 9개, 미국 버지니아 미술관에 5개, 영국 왕실 컬렉션에 3개, 나머지 6개는 개인이 소유하고 있거나 사라졌지요.

지금 러시아는
러시아의 난민 인정률은?

러시아는 1951년 난민 지위에 관한 협약에 가입했어요. 난민 신청을 하면 3개월 안에 심사를 받고, 난민으로 인정받으면 난민 증명서를 발급해 주는데 1년마다 재등록을 해야 해요. 하지만 실제로 러시아 난민법에는 불법 출국으로 처벌을 받을까 봐 두려워 본국으로 돌아가지 않으려는 사람에게는 난민 심사가 거부될 수 있다는 조항이 있어요. 자국의 허가 없이는 러시아에서 난민의 지위를 인정받을 수 없다는 뜻이지요. 2020년 기준으로 러시아는 1,064명이 난민 신청을 했어요. 러시아는 2020년까지 난민 인정률이 2.7퍼센트로 매우 낮은 편이에요.

북한 난민 인정 단 2명

2016년 러시아와 북한이 체결한 '북-러 불법 체류자 인도협정'으로 러시아에서 벌목공으로 일하고 있는 북한 노동자들이 망명 승인을 받는 것이 더욱 어려워졌어요. 2004년부터 2019년까지 300명이 난민 신청을 했지만 겨우 2명만 난민으로 인정받았어요. 난민으로 인정받기 전에 러시아에서 탈출하다가 검문에 걸리면 체포되어 바로 송환될 수밖에 없어요.

러시아에 벌목공으로 왔던 북한 난민 김경혁(가명) 씨는 10년 넘게 불법 체류자로 숨어 살았어요. 2017년 경찰에 체포되어 추방 명령이 내려졌지요. 다행히 러시아 인권단체의 도움으로 유럽인권재판소가 강제 소환을 금지하는 판결을 내려 한국에 정착하게 되었어요.

아프가니스탄 난민 거부

2021년 아프가니스탄 내전으로 수백만의 난민이 발생하자 푸틴 대통령은 밀려드는 아프가니스탄 난민이 러시아 안보에 위협이 될 것이라며 수용을 거부했어요. 러시아와 중앙아시아 국가 사이에는 비자 제한이 없기 때문에 테러리스트가 아프가니스탄 난민 속에 섞여 중앙아시아 국가를 거쳐 러시아에 들어올 수 있다는 핑계를 대면서요. 지금까지 러시아에서 난민 지위를 받은 시리아 난민은 단 한 명도 없어요. 임시 보호가 허용된 사람도 482명에 불과해요.

태국 죽음의 철도

한 번의 사과로는 어림없어!

여름이면 되살아나는 악몽

"할아버지, 또 악몽 꾸셨어요?"

나는 퀭한 눈으로 창밖을 바라보는 할아버지가 걱정되어서 물었어요.

"차라리 악몽이라면 좋겠구나. 그때 그 기억이 너무도 생생해. 온몸이 수천 개의 바늘에 찔린 듯이."

할아버지는 착 가라앉은 목소리로 대답했어요. 하룻밤 새 핼쑥해진 할아버지의 얼굴을 보니 마음이 아팠어요. 할아버지는 제2차 세계대전 때 싱가포르 전투에서 영국군이 패하면서 일본군의 포로가 되어 철도 공사에 강제 동원되었대요. 그때 동료들의 죽음을 목격한 할아버지는 지금도 7월만 되면 악몽에 시달려요.

"할아버지, 다녀올게요. 집에 오는 길에 엄마가 헨리 아저씨네 주문해 놓은 피자도 찾아올게요."

"너, 오늘 저녁 각오해라. 단 한 판도 져 주지 않을 테니."

할아버지는 애써 밝은 목소리로 말했어요. 금요일이면 간호사로 일하는 엄마가 야간 근무를 해요. 그래서 할아버지와 나는 금요일마다 체스 경기를 시청하고 피자를 먹으며 체스 시합을 하지요. 체스 챔피언이 되기 위해 맞서는 선수들처럼 할아버지와 나는 진지해요.

"잘 다녀와라."

할아버지는 문 앞에 서서 나를 배웅했어요.

한 달째 나를 괴롭히는 하퍼

잠시 뒤 스쿨버스가 도착했어요.

"안녕, 샬럿?"

내가 차에 올라타자 하퍼가 자기 옆에 앉으라고 손짓했어요. 나는 못

본 척 서너 칸 떨어져 앉았어요.

"샬럿, 같이 앉자!"

히퍼기 어느새 내 옆에 와 앉았어요. 그러고는 천연덕스러운 표정으로 내 머리카락을 세게 잡아당겼어요. 내가 하퍼의 손을 뿌리치려고 하자 더 세게 잡아당겼고요. 그러더니 갑자기 확 놓아 버렸어요. 그 바람에 나는 유리창에 머리를 쾅 박았어요. 학교에 가는 내내 창피하고 비참한 기분이 들어 고개를 들 수가 없었어요.

하퍼가 나를 괴롭히기 시작한 건 한 달 전 체육 시간 때부터였어요. 내가 공을 놓치는 바람에 우리 팀이 졌다고 하퍼가 씩씩대며 나를 노려보았어요. 그 뒤로 틈만 나면 내 머리를 툭 치고 가더니 어제는 내 도시락에 치약까지 뿌렸어요.

헨리 아저씨네 식당

나는 학교가 끝나자마자 헨리 아저씨네 식당으로 향했어요. 학교에서 5분 거리에 있는 헨리 아저씨네 식당은 오후 시간이라 손님이 많지 않았어요. 식당에는 동양인으로 보이는 할머니와 할아버지뿐이었지요.

"샬럿, 어서 와. 할아버지는 잘 계시니? 요즘 체스 클럽에 나오지 않는다고 우리 아버지가 걱정하시던데."

헨리 아저씨가 할아버지에 대해 물었어요. 헨리 아저씨의 아빠인 잭 할아버지는 우리 할아버지와 함께 제2차 세계대전 때 싱가포르 전투에 참전한 군인이에요.

"할아버지는 요즘도 악몽을 꾸세요."

"저런. 우리 아버지도 이맘때가 되면 전쟁 때 겪은 얘기를 하신단다."

헨리 아저씨가 걱정스러운 목소리로 말했어요. 그러고는 포장해 둔 피자 상자와 막대사탕이 가득 담긴 유리병을 내밀었어요.

"잘 먹을게요."

나는 헨리 아저씨에게 인사를 하고 돌아섰어요. 그때 동양인 할아버지와 할머니가 가게 문을 열고 나가려고 했어요. 내가 문 앞으로 다가가자 그 할아버지가 피자 상자와 사탕 통을 들고 있는 나를 보고는 문을 잡아주었지요. 나는 고맙다는 표시로 고개를 꾸벅하고 가게에서 나왔어요.

집에 돌아온 나는 일부러 큰 목소리로 할아버지를 불렀어요.

"할아버지, 헨리 아저씨가 사탕도 주셨어요."

할아버지는 싱긋 웃으며 사탕 통을 받아 식탁에 올려 두었지요.

뉴스를 보고 괴로워하는 할아버지

"체스 대회 재방송을 한다고 한 것 같은데…."

할아버지가 혼잣말을 하며 TV 채널을 돌렸어요. 그러다 뉴스 채널에서 멈췄어요.

"안녕하세요? 오늘은 조금 특별한 소식을 전해 드리려고 합니다. 제2차 세계대전 당시 태국 죽음의 철도 공사 현장에서 일본군이 벌인 만행을 기억하시나요? 80년이 지난 지금도 당시 참전 용사들은 고통스러운 기억을 안고 살아가고 있습니다. 그런데 죽음의 철도 공사 현장에서 연합군을 감시했던 일본인이 어제 재향군인회를 찾아와 그때의 잘못을 사죄하고 싶다는 뜻을 밝혔습니다. 재향군인회 앞에 있는 토머스 기자를 연결해 보겠습니다."

뉴스 스튜디오에 앉아 있던 앵커의 모습 뒤로 재향군인회 건물이 보였어요. 나는 냉장고에서 음료수를 꺼내다 말고 할아버지의 눈치를 살폈어요. 할아버지는 굳은 표정으로 TV 화면만 바라보고 있었어요.

"지금 제 옆에는 제2차 세계대전 당시 우리 군인들에게 저지른 만행을 사과하겠다고 나선 일본 노인이 계십니다. 기시다 마사카즈 씨입니다."

TV 카메라는 기자 옆에 있는 일본인을 비추었어요. 놀랍게도 기자 옆

에 서 있는 일본인은 아까 헨리 아저씨네 가게에서 본 동양인 할아버지였어요.

"어? 저 할아버지, 헨리 아저씨네 가게에서 봤어요."

"뭐? 네가 저 사람을 봤다고?"

"네. 틀림없어요."

"저는 제2차 세계대전 때 태국과 버마를 잇는 죽음의 철도 공사 현장에서 영국군을 감시하던 군인이었습니다. 저는 전쟁이 끝나고 일본으로 돌아가 평범하게 살았습니다. 그런데 해마다 7월이 되면 죽음의 철도 공사를 하다 사고로 죽은 영국군의 모습이 떠올라 괴로웠습니다. 늦게라도 이렇게 제가 저지른 전쟁 범죄를 사죄 드리고 싶습니다."

일본인 할아버지는 떨리는 목소리로 말하다가 갑자기 무릎을 꿇었어요.

할아버지를 위로하는 잭 할아버지와 친구들

할아버지는 TV 속 일본군 할아버지를 향해 고함을 질렀어요.

"이제 와서 고작 말 한마디로 사죄를 하겠다고? 너희들은 짐승만도 못

한 일을 저질렀어. 그 짓은 절대로 용서받을 수 없어!"

"앞으로 저와 뜻을 같이 하는 분들과 계속해서 사죄 드리겠습니다. 그리고 돈을 모금하여 보상하는 데 앞장서겠습니다. 그러니 사죄하는 일본인들이 있다는 사실만이라도 기억해 주십시오."

일본인 할아버지가 말을 이었어요.

"어림없어. 우리는 450일 동안 매일 굶주림에 시달리고, 매질 당하고, 동료를 잃었어. 우리가 겪은 고통과 공포를 어떻게 보상하겠다는 거지?

당장 일본으로 꺼져."

할아버지는 의자에서 벌떡 일어나 TV 속 일본인 할아버지를 향해 삿대질을 했어요. 그 순간 나를 괴롭히는 하퍼가 떠올랐어요. 내일 아침, 하퍼가 아무렇지도 않은 듯 사과를 한다면 나 역시 그 사과를 받아줄 수 있을 것 같지 않았어요.

"아직도 내 귀에 쟁쟁해. 우리는 매일 죽음의 공포에 시달렸어!!"

할아버지는 주먹으로 가슴을 세게 치기 시작했어요. 그러다가 바닥에 털썩 주저앉아 어린아이처럼 엉엉 울기 시작했어요. 나는 너무 놀라 헨리 아저씨네 가게로 전화를 했어요.

"할아버지가 뉴스를 보다가 울어요. 잭 할아버지더러 빨리 우리 집으로 와달라고 전해 주세요."

30분쯤 흘렀을까 초인종이 울렸어요. 나는 뛰어가 얼른 문을 열었어요. 잭 할아버지와 친구분 두 명이 서 있었지요.

"할아버지는?"

"지금 소파에 앉아 계세요."

나는 할아버지들을 거실로 안내했어요. 잭 할아버지와 친구들은 할아버지에게 다가갔어요.

"이봐. 아까 자네가 본 뉴스 나도 보았네. 그때 그 기억이 떠올라 몸서리가 쳐지더군. 그들이 저지른 폭력과 살인을 당연히 잊지 말아야지. 하지만 이제 고통에서 벗어나야만 해. 그래야 남은 생을 편안하게 살 수 있어."

잭 할아버지가 할아버지의 손을 잡고 말했어요.

"그들은 계속 사과해야 돼. 우리는 후손들에게 아픈 역사를 알려야 하고."

할아버지의 목소리가 떨리고 있었어요.

무슨 일이 있었던 걸까요?
싱가포르 전투(1941~1942년)

싱가포르 전투는 제2차 세계대전 당시 말레이반도에서 일본군과 연합군(영국군과 호주군)이 벌인 전투예요. 연합군은 일본군의 기습 공격을 막아 내지 못하고 항복하고 말았어요. 싱가포르 전투의 승리로 일본군은 10년간 20만 명이 버틸 수 있는 식량과 무기를 빼앗았지요. 9만 명의 영국군은 강제 노동 수용소에 갇혔고요.

6개월 뒤 일본군은 6만 명의 영국군 전쟁 포로들을 기차에 실어 태국으

▲ 호주와 네덜란드의 전쟁 포로들

로 끌고 갔어요. 일본군은 정글 한가운데 전쟁 포로들이 살 오두막을 짓고, 철도를 건설하라고 명령했지요. 바로 일본군이 인도 침략을 앞두고 태국과 버마(현재 미얀마)를 잇는 철도 공사 현장이었어요. 일본군이 동남아시아 여러 나라에서 끌고 온 민간인 20만 명도 이 공사에 동원되었지요.

전쟁 포로들은 더운 날씨에 속옷만 걸친 채 뜨거운 철로를 맨발로 깔아야 했고, 영양실조와 각종 전염병으로 고통스럽게 죽어 갔어요. 공사 현장이 얼마나 잔혹했는지 매일 한 명씩 죽어서 '죽음의 철도'라고 불렸어요.

전쟁 포로가 지은 죽음의 철도는 어떤 건축물일까요?

죽음의 철도(1942~1947년)

죽음의 철도는 제2차 세계대전 시기 일본이 군인과 군수품을 운반할 목적으로 건설한 태국과 버마(현재 미얀마)를 잇는 철도예요. 이 지역은 버마를 식민 통치했던 영국이 위험한 산악 지역이라 공사를 포기했던 곳이에요. 그러나 일본군 사령관 기무라 헤이타로는 전쟁 포로를 동원하면 가능하다고 생각했지요. 기무라 헤이타로는 영국군 전쟁 포로 6만 명과 동남아시아인 20만 명을 철도 공사에 투입했어요. 전쟁 포로들은 견디기 힘든 고통에 시달리면서도 이 철도가 완성되는 걸 막기 위해 애썼어요. 흰개미를 잡아서 짐을 싣는 트렁크의 홈과 이음새에 넣고 나무를 갉아 먹게 했어요. 또 나무 볼트를 헐겁게 끼우거나 나무에 톱질을 해 놓고 기차의 무게에 다리가 무너지기를 기다리기도 했지요.

　그럼에도 불구하고 5년은 걸릴 거라고 예상한 죽음의 철도는 15개월 만에 완공되었어요. 전쟁 포로들은 일본군에게 매를 맞으며 덥고 습한 날씨를 견디며 하루 20시간씩 혹독한 노동을 해야 했어요. 전쟁 포로들은 가파른 절벽에 철로를 놓다가 낭떠러지로 굴러떨어졌고, 터널이 무너져 내려 깔려 죽는 경우도 있었지요. 굶주림과 전염병, 탈출 시도를 하다 목숨을 잃는

▲ 강제 철도 노동

경우도 많았어요. 죽음의 철도 공사 기간 동안 민간인 6만여 명, 전쟁 포로 1만 3,000여 명과 일본군 1,000여 명이 목숨을 잃었어요.

죽음의 철도는 아직도 남아 있을까?

죽음의 철도는 연합군의 폭격을 맞아 대부분 무너졌어요. 제2차 세계대전이 끝난 뒤 방치되었다가 1957년 태국 방콕 쪽에 가까운 부분만 복원되었어요. 이곳에서 촬영한 영화 〈콰이강의 다리〉가 1958년 제30회 아카데미상 시상식에서 작품상, 감독상 등 7개 부문을 수상하면서 유명해졌어요. 〈콰이강의 다리〉 촬영지는 제2차 세계대전의 상징물로 많은 사람들이 찾는 명소가 되었어요.

1987년 태국 정부는 일본의 지원을 받아 죽음의 철도 전 구간을 복구하여 관광 노선으로 만들 계획을 세웠어요. 죽음의 철도 건설에 동원된 호주 재향군인회와 네덜란드의 전쟁 포로들은 "죽음의 철도의 복구는 아우슈비츠를 유원지로 만드는 것과 같다!"며 강하게 반발했어요. 태국 정부는 결국 복구 계획을 취소했어요.

현재 콰이강의 다리 근처에 있는 전쟁박물관에서는 콰이강의 다리 공사 현장 사진과 수용소 사진, 현장에서 발굴된 유해 사진을 전시하고 있어요. 깐짜나부리역 맞은편에는 연합군 공동묘지가 있어요. '죽음의 철도'를 건설

▲ 콰이강의 다리

하다가 희생당한 연합군 병사 6,982명의 소속 부대명과 나이가 적힌 묘비들이 자리를 지키고 있지요.

지금 태국은
외교 관계에 따라 달라지는 태국의 난민 정책

태국은 1951년 체결된 '난민 지위에 관한 협약'에는 가입하지 않았지만, 유엔난민고등판무관의 활동을 인정하는 나라예요. 태국에 난민이 입국하면 1년에 한 번 임시 수용을 허용하고 최대 6년까지 임시 수용을 연장하고 있어요.

그러나 난민들은 영주권이 없어 집을 구입할 수도 없고, 안정된 일자리를 얻지도 못해요. 그래서 적은 돈을 받고 힘들고 위험한 일을 해야 해요. 아기를 낳아도 영주권이 생기지 않아 제대로 된 교육을 받기가 어려워요.

2009년 태국 정부는 모든 난민 아동을 태국 아동보호법에 따라 차별 없이 보호하겠다고 발표했어요. 태국에서 태어난 아이에게는 출생신고 자격과 아동의 권리에 관한 협약 7조의 권리도 부여하겠다고 약속했지요. 지금까지 난민 캠프에 있는 아동 5,000명이 출생 증명서를 받았어요. 출생신고가 난민 아동에게 국적을 부여하는 것은 아니지만 난민이 고국으로 돌아갈 때 해당 국적을 얻을 수 있는 핵심 증거가 될 수 있어요. 또한 출생신고를 하면 교육, 의료, 일자리 혜택을 받을 수 있고, 조혼과 인신매매로부터 아동을 보호할 수 있지요.

태국으로 몰려오는 북한 난민

2003년 태국에 들어온 북한 난민은 40명에 불과했지만 매년 수백 명씩 늘고 있어요. 방콕 시내에 숨어 있는 북한 난민은 만 명이 넘고요. 북한 난민 90퍼센트 이상이 라오스를 거쳐 태국으로 넘어오고 있어요. 태국은 북한 난민들 사이에서 대한민국으로 갈 수 있는 가장 빠른 길이라고 알려져 있기 때문이에요.

　태국 정부는 북한이나 대한민국과의 갈등을 줄이기 위해 북한 나민을 불법 체류자로 여기면서도 북한으로 돌려보내지 않고 다른 나라에 정착할 수 있도록 돕고 있어요. 대한민국과 북한, 두 나라와 수교한 태국은 두 나라의 요구를 거절할 수 없는 입장이기 때문이지요. 하지만 북한의 항의가 거세지는 데다 난민의 수가 점점 더 늘어나고 있어 태국 정부는 국경 지역 단속을 강화하고 있어요.

카렌족 난민을 미얀마로 돌려보낸 태국

　2021년 미얀마 카렌족이 살고 있는 주에서 내전이 일어나 3,000명이 국경을 넘어 태국으로 도망쳤어요. 그런데 태국 수비대는 카렌족 2,900명을 미얀마가 안전하다며 돌려보내고 철조망을 설치해 돌아오지 못하도록 막아 버렸어요. 유엔은 박해 위험이 높은 국가로 난민을 송환해서는 안 된다며 국제법을 지키라고 태국 정부에 요구했지요. 태국은 난민 지위에 관한 협약에 가입하지 않은 나라여서 국제법상으로는 난민 보호에 대한 의무가 없어요. 그렇다 하더라도 난민을 강제로 돌려보내는 것을 금지하는 국제법의 강제송환금지 원칙은 지켜야 해요.

　국제 사회의 비난을 받은 태국 총리는 "태국으로 몰려드는 난민을 원하지 않지만 우리는 인권도 준수한다"며 "미얀마에서 대규모 난민이 태국으로 들어올 가능성에 대비하고 있다"며 7개의 난민촌을 마련하여 국경 지역에 4만 3,000명 이상을 수용하겠다고 말했어요.

유엔의 도움으로 난민 자격을 인정받은 학대 피해자 알-쿠눈

태국 이민청은 2019년 1월 학대를 피해 호주로 향하던 18세 사우디 소녀 라하프 무함마드 알-쿠눈이 태국에 입국하자 본국으로 돌려보내겠다고 했어요. 그러나 알-쿠눈이 SNS를 통해 전 세계 사람들에게 자신의 처지를 알리면서 세계 여론이 태국의 강경한 난민 정책을 비난하자 태국 이민청은 알-쿠눈을 돌려보내지 않기로 했어요. 다행히 알-쿠눈은 유엔의 도움으로 난민 자격을 인정받아 캐나다로 망명했어요.

2016년 쁘라윳 짠 오차 총리는 유엔에서 열린 난민 문제 정상회의에서 난민과 망명 신청자들의 자녀들을 가두는 일을 중단하겠다고 약속했어요. 하지만 난민 아동들을 어떻게 보호할지를 보장하는 정책은 아직 마련되지 않았어요.

플러스 정보

난민이 발생하는 이유

① 인권 침해와 전쟁

현재 여러 나라에서 인권 침해와 전쟁으로 난민이 발생하고 있어요. 시리아 내전과 아프가니스탄 내전으로 수백만 명의 난민이 발생했고, 2022년 우크라이나와 러시아의 전쟁으로 1000만 명이 넘는 난민이 발생했어요.

② 기아와 기근

2022년 기준, 동아프리카에서는 5년 연속 강수량 부족으로 기근이 발생해서 수십만 명이 죽었어요. 소말리아와 에티오피아, 케냐, 남수단 등지에서 굶주림에 시달리던 사람들이 다른 나라로 떠나고 있다고 해요.

③ 기후 변화

기후 변화는 분쟁과 굶주림의 가장 큰 원인이에요. 홍수나 가뭄 같은 자연재해로 인해 '기후 난민'이 점점 더 늘어나고 있어요. 유엔에 따르면 매년 2천만 명의 사람들이 다른 나라로 피난을 가고 있다고 해요.

난민이 겪는 어려움

난민들은 다른 나라에서 난민 지위를 인정받을 때까지 난민 캠프 등에서 열악한 생활을 하며 영양실조와 추위, 폭력, 스트레스 등에 시달리고 있어요. 더구나 대부분의 난민이 분쟁과 폭력이 발생하는 나라에 머물고 있기 때문에 필요한 도움을 받지 못하는 경우가 많지요.

난민에게 필요한 도움

안전한 대피소와 음식, 깨끗한 물과 긴급 구호 물품, 영양실조 예방 프로그램, 산모 건강 및 정신 건강 지원 서비스, 아동 교육 서비스와 성인을 위한 직업 교육, 일자리와 생활비 지원, 보호 서비스가 필요해요.

난민 위기를 해결하는 방법

① 자발적 귀환

난민과 실향민이 스스로 본국에 돌아가고자 할 때, 그들을 안전하게 돌아갈 수 있도록 도와주어야 해요. 자발적 귀환은 본국의 문제들이 해결되어 집으로 돌아가 안전하게 생활할 수 있을 때 가능해요.

② 정착

정착은 난민과 실향민이 그들의 집을 떠난 후 그들이 정착한 곳에서 영구적으로 머무르는 것이 허가될 때 가능해요. 난민들이 안정된 일자리와 주거지를 지원받고, 교육과 의료 서비스를 자국민과 똑같이 받을 수 있어야 하지요.

③ 재정착

재정착은 망명을 신청한 국가에 정착하기가 쉽지 않을 때 새로운 국가에 자발적으로 정착할 수 있도록 도와주어야 해요. 재정착은 언어, 문화, 정치 체제 등 완전히 새로운 국가에 적응해야 하기 때문에, 난민들이 정착하는 데 시간이 오래 걸릴 수 있어요.

난민을 돕는 방법

① 긴급 구호에 참여하기

난민들에게 당장 필요한 것은 깨끗한 물과 음식, 의약품, 임시 숙소를 만들 수 있는 도구들이에요. 난민구호단체들은 이런 물품을 빠르게 공급하고, 국가의 보호를 받을 수 있는 난민으로 등록하는 절차를 돕는 활동을 펼치고 있어요. 이런 단체에 후원함으로써 긴급 구호에 힘을 보탤 수 있어요.

② 법과 제도 개선을 위해 목소리 내기

우리나라 난민 인정률은 0.4퍼센트예요. 유럽(32퍼센트)이나 미국(26.3퍼센트)과 비교하면 아주 낮은 수준이지요. 우리나라에 온 난민들은 대부분 사실상 법의 보호를 받지 못하고 있어요. 대한민국은 1992년 난민 지위에 관한 협약에 가입했고, 2013년에 아시아에서 유일하게 난민법을 제정한 나라예요. 그런데 이 법이 제정된 이후로도 난민 인정률은 계속 낮아지고 있어요. 정부는 난민 신청과 심사를 더 어렵게 하는 방향으로 난민법을 개정하려 하고 있고요. 그래서 난민인권단체들은 난민법 개정을 막기 위해 서명 운동을 벌이고 있어요. 전쟁과 박해를 피해 한국에 찾아온 난민들을 보호하려면 더 많은 시민들이 목소리를 내야 해요.

③ 인권 활동에 참여하기

다양한 인권 활동에 참여하면 난민을 도울 수 있어요. 인권 활동을 할 때 필요한 태도는 난민을 누군가의 도움만 받아야 하는 대상으로 바라보지 않고, 스스로 목소리를 내고 사회를 변화시키는 사람으로 바라보는 거예요. 인권 활동으로는 난민에 대한 편견 바로잡기, 언어가 달라서 겪는 어려움 해소하기, 난민이 지역 주민들과 함께 일하고 건강하게 살 수 있는 환경 만들기, 난민이 발생하는 전쟁과 폭력의 역사 기록하기 등의 활동이 있어요.

난민 후원 단체들

- 유엔난민기구
- 국제적십자사
- 유니세프
- 초록우산어린이재단
- 세이브더칠드런
- 컨션월드와이드
- 국제엠네스티

세계문화유산 속 난민 이야기

1판 1쇄 인쇄 2024년 3월 5일
1판 1쇄 발행 2024년 3월 15일

글 | 염수연 **그림** | 김학수
펴낸이 이종일 | **책임편집** 김수미 | **북디자인** design S
펴낸곳 버튼북스 | **등록번호** 제386-251002015000040호 | **등록일자** 2020년 4월 9일
전화번호 032-341-2144 | **팩스** 032-342-2144
주소 경기도 부천시 소삼로 38 휴안뷰 101동 602호

ISBN 979-11-87320-50-0 73900

* 책값은 뒤표지에 있습니다.
* 이 책 내용의 일부 또는 전부를 재사용하려면 반드시 버튼북스의 동의를 얻어야 합니다.
* 잘못 만들어진 책은 구입하신 서점에서 교환해 드립니다.

KC	· 제조자명 : 버튼북스	· 제조연월 : 2024. 3. 15.
	· 주소 : 경기도 부천시 소삼로 38	· 제조국명 : 대한민국
	· 전화번호 : 032-341-2144	· 사용연령 : 8세 이상 어린이 제품

버튼아이는 버튼북스의 아동 브랜드입니다.

사진 및 이미지 출처
위키미디어 공용 18쪽, 39쪽, 42쪽, 58쪽, 62쪽, 77쪽, 78쪽, 79쪽(왼쪽), 96쪽, 101쪽, 120쪽, 121쪽, 122쪽, 136쪽, 137쪽, 139쪽, 140쪽, 156쪽, 158쪽, 160쪽
셔터스톡 20쪽, 23쪽, 40쪽, 60쪽, 79쪽(오른쪽), 80쪽, 98쪽, 103쪽, 117쪽